Georg Beseler

Die englischfranzösische Garantie vom Jahre 1720

Georg Beseler

Die englischfranzösische Garantie vom Jahre 1720

ISBN/EAN: 9783744638777

Hergestellt in Europa, USA, Kanada, Australien, Japan

Cover: Foto ©ninafisch / pixelio.de

Weitere Bücher finden Sie auf **www.hansebooks.com**

DIE
ENGLISCH-FRANZÖSISCHE GARANTIE

vom Jahre 1720.

Von

Dr. GEORG BESELER,

Geh. Justizrathe und ord. Professor der Rechte an der K. Friedrich-Wilhelms-Universität in Berlin.

MIT ANLAGEN.

BERLIN.
WEIDMANNSCHE BUCHHANDLUNG.
1864.

Vorwort.

Ich würde die Streitfrage über die Bedeutung der englisch-französischen Garantie wegen Schleswigs nicht wieder aufgenommen haben, wenn nicht ein bisher nicht bekanntes oder wenigstens nicht benutztes Material eine eingehendere und wie ich glaube abschliessende Erörterung derselben möglich gemacht hätte. In den Antischleswigholsteinischen Fragmenten nämlich, welche Professor A. F. Krieger auf Verfügung des akademischen Senates zu Kopenhagen in den Jahren 1848—1851 herausgegeben hat, enthält das dritte Heft folgende Schrift:

> Die englisch-französische Garantie des Herzogthums Schleswig, im Jahre 1720 der Krone Dänemark geleistet, erörtert von Grimur Thomsen. Aus dem Dänischen übersetzt von A. Courländer. Kopenhagen, Verlag von C. A. Reitzel. 1848.

Hier findet sich die Correspondenz der englischen und französischen Staatsmänner, welche sich auf diese Garantie bezieht, abgedruckt, — freilich nicht vollständig; aber es sind doch viele Instructionen, Berichte und Briefe theils ganz, theils in Auszügen mitgetheilt, meistens wie es scheint aus dem Archive des brittischen Ministeriums der auswärtigen Angelegenheiten. Das Gebotene reicht jedenfalls hin, die dänische

Auslegung der Garantie auf das bündigste zu widerlegen, und man darf sich daher billig wundern, dass die Veröffentlichung im dänischen Interesse und zwar unter der Autorität einer gelehrten Körperschaft hat geschehen können. Allein die Verblendung in Kopenhagen ist offenbar so gross, dass sie verhindert hat, die schlagendsten Beweise gegen die einmal gefassten Nationalvorurtheile zu würdigen, und den Inhalt der Actenstücke anders als nach den, einem deutschen Juristen kaum begreiflichen Auslegungsversuchen des Herrn Grimur Thomsen zu bemessen.

Da diese Schrift selbst so viel ich sehe in Deutschland ganz unbekannt geblieben ist, so habe ich sie für eine selbstständige Untersuchung verwerthet, auch einzelne besonders wichtige Dokumente, die zugleich ein allgemeineres historisches Interesse haben, in den Anlagen abdrucken lassen. Diese enthalten das vollständige Material zur Beurtheilung der Streitfrage; wer im Stande ist, unbefangen und mit Einsicht zu lesen, der wird keiner besonderen publicistischen Bildung bedürfen, um daraus den wahren Sachverhalt zu erkennen.

Berlin, den 10. März 1864.

G. B.

§. 1.
Geschichtliche Einleitung.

Der Vertrag, welchen die Stände von Schleswig-Holstein bei der Wahl Christian I. im Jahre 1460 mit dem oldenburgischen Hause schlossen, begründete für die beiden Lande die Personal-Union mit Dänemark und stellte ihre Untheilbarkeit für immer fest. Diese ist staatsrechtlich nie aufgehoben worden, und wenn auch später Theilungen eintraten, so geschahen sie unter Beibehaltung einer gemeinschaftlichen Regierung, sowie der Gemeinschaft der landständischen Verfassung und der damit zusammenhängenden Einrichtungen. Seit 1582 herrschten in Schleswig-Holstein die königliche und die herzoglich gottorpische Linie des oldenburgischen Hauses, deren Besitzungen in beiden Herzogthümern vertheilt waren, indem sie Schleswig vom Könige von Dänemark, Holstein vom deutschen Kaiser zu Lehen trugen. Beide Herzogthümer bildeten ein staatsrechtliches Ganzes *(corpus integrale)*, und niemals hat Schleswig für sich und Holstein für sich regierende Herren erhalten.

Die Beziehungen unter den beiden Linien waren, wie es unter solchen Verhältnissen zu sein pflegt, nicht die besten; doch nahmen sie erst seit der Mitte des 17. Jahrhunderts einen feindlichen Charakter an, namentlich seitdem das gottorpische Haus mit der Krone Schweden in nähere Verbindung getreten war. Doch hat es die Besitzungen der königlichen Linie nie angefochten, sondern nur die volle Selbstständigkeit zu behaupten und selbst auf Kosten der gemeinschaftlichen Regierung auszudehnen gesucht. Die auf die Erreichung des letzteren Zieles gerichteten Bestrebungen wussten die Herzöge der königlichen Linie zu verhindern; aber in einer anderen wichtigen Beziehung erlangten die Gottorper einen bedeutenden Erfolg, indem vermöge des Rothschilder Friedens von 1658 der Lehenverband, in welchem Schleswig zu Dänemark stand, für den herzoglichen und in Folge dessen auch für den königlichen Antheil aufgehoben ward. Bald nachher gelang es aber der königlichen Linie in Dänemark die unbeschränkteste monarchische Gewalt zu begründen, und dadurch erstarkt versuchte sie nun auch in den Herzogthümern eine bevorzugte Stellung einzunehmen, ja die Selbstständigkeit der Gottorper zu brechen und sie von der Regierung zu verdrängen. Die anfangs erreichten Erfolge mussten aber immer wieder aufgegeben werden, weil den schwächeren Gegnern die Verbindung mit Schweden und die dieser Macht günstigen politischen Verhältnisse zu Statten kamen. So erhielten die Herzöge die Restitution ihrer Besitzungen und die Anerkennung der Souverainetät von Schleswig im Frieden von Fontainebleau vom Jahre 1679, indem der König von Frankreich die Garantie dafür übernahm; desgleichen im Altonaer Vergleich vom Jahre 1689 und in dem Travendahler Frieden vom Jahre 1700, der namentlich auch von England garantirt ward.[1])

---

[1]) Der Frieden von Fontainebleau ist abgedruckt bei Du Mont, corps universel diplomatique T. VII. P. I. p. 413.; der Altonaer Vergleich ebendaselbst T. VII. P. II. p. 231., und der Travendahler Frieden das. p. 480. — Besonderes Gewicht wurde auf die englische Garantie gelegt, s. A. Hojer, König Friedrich IV. glorwürdigstes Leben, I. S. 36. 46. 175. 254. 296.

Allein schon im Jahre 1713 nahm diese Angelegenheit eine neue und verhängnissvolle Wendung. Das über Schweden hereingebrochene Unglück hatte die benachbarten Staaten zu einem Bündnisse zusammen geführt, durch welches sie des gefährlichen Gegners Herr zu werden hofften, und als nun der schwedische General Steenbock den Krieg nach den Herzogthümern trug, ward das gottorpische Haus in diese Verwicklung hineingezogen. Die vormundschaftliche Regierung, welche für den unmündigen Herzog Carl Friedrich geführt ward, stand damals unter der Leitung des Ministers von Görz, und dieser trat mit Schweden in Verbindungen, welche Steenbock die Aufnahme in die herzogliche Festung Tönningen verschafften. Friedrich IV. von Dänemark ergriff diese Veranlassung, um sich des herzoglichen Antheils an Schleswig-Holstein zu bemächtigen oder, wie er sich ausdrückte, sich der beiden Herzogthümer und dazu gehörigen Lande und Einkünfte zn versichern, und die herzogliche Linie von der Regierung zu verdrängen.[2]) Allein mit der blossen Besitzergreifung war die Sache nicht zu Ende gebracht; es kam für den König darauf an, sich für die Dauer zum alleinigen Landesherrn von Schleswig-Holstein zu machen. Der Durchführung dieses Planes stand aber in Betreff des herzoglichen Antheils an Holstein die Abhängigkeit vom deutschen Reich als ein schwer zu beseitigendes Hinderniss entgegen; der König war daher hauptsächlich darauf bedacht, sich den Besitz des herzoglichen Antheils an Schleswig zu sichern, und dies suchte er nach dem Brauche jener Zeit durch Garantien, welche er von andern Mächten erwirkte, zu erreichen.

---

[2]) Die Actenstücke bei Falck, Sammlung der wichtigsten Urkunden (Kiel 1847) S. 261—63.

§. 2.
Das Bündniss mit Hannover.

Bereits im Jahre 1710 hatte König Friedrich IV. mit dem Churfürsten Georg Ludwig von Hannover auf fünf Jahre ein Schutzbündniss abgeschlossen, in welchem sich die Paciscenten wechselseitig das Herzogthum Schleswig (d. h. den königlichen Antheil, denn von dem herzoglichen konnte hier nicht die Rede sein) und ihre Besitzungen im Reiche garantirten. Durch einen Separatartikel bedung sich jedoch der vorsichtige Churfürst aus, dass er während des schwedisch-dänischen Krieges die Herzogthümer Schleswig-Holstein dem Könige nicht zu garantiren habe, indem er nur seine guten Dienste versprach, ihre Neutralität zu sichern, und sich verpflichtete, den Schweden keine Hülfe zu leisten.[3])

Als jedoch seit der Rückkehr Karl XII. der König von Dänemark befürchten musste, nicht alle Eroberungen, welche er im Kriege gegen Schweden gemacht hatte, behaupten zu können, und sich für den Kurfürsten die Aussicht eröffnete, einen schon längst gewünschten Erwerb zu machen, entschloss sich Georg Ludwig, der inzwischen als Georg I. den englischen Thron bestiegen hatte und die neue Machtstellung für seine Interessen in Deutschland nachhaltig zu verwerthen verstand, der grossen nordischen Allianz gegen Schweden beizutreten. Er hatte dabei sein Augenmerk auf die von Friedrich IV. den Schweden entrissenen Herzogthümer Bremen und Verden gerichtet, und deren Erwerb bildete für ihn den Mittelpunkt des mit dem Könige von Dänemark am 26. Juni 1715 geschlossenen Bündnisses.

---

[3]) Der Vertrag ist im Auszuge nach de Rheedtz, répertoire historique et chronologique des traités de Dannemarc (Göttingen 1826.) p. 173. abgedruckt in der Anlage I.

Nach dem Gebrauche jener Zeit, welcher auch bei völkerrechtlichen Verträgen schlechthin die vornehmste Titulatur der Paciscenten anwandte, auch wenn ein Vertrag sich auf ein anderes, nicht darunter befasstes Land bezog, hat Georg I. dieses Bündniss als König von Grossbritannien abgeschlossen, und es ist dadurch das Missverständniss hervorgerufen worden, dass es zwischen England und Dänemark eingegangen sei. Allein schon der Inhalt weist darauf hin, dass Georg I. als Churfürst der Paciscent war, denn nach Art. 2. sollen Bremen und Verden ihm und seinen Erben und Nachkommen an der Chur überlassen worden, und nach Art. 9. will er sich bestens bemühen und alle guten Dienste anwenden, dass das englische Parlament die rückständigen dänischen Subsidien berichtige, eine Ausdrucksweise, deren er sich als König von England doch nicht bedienen konnte.

Auch stellen gleichzeitige Berichte und vor Allem der erst neuerdings bekannt gewordene Vertrag vom 30. October 1719 die Sache ausser Zweifel.[4])

In dem Vertrage von 1715[5]) schliessen die Paciscenten für den Krieg mit Schweden ein Offensiv- und Defensiv-Bündniss, für spätere Fälle ein Defensiv-Bündniss und vereinigen sich darüber, wie es „wegen der in Teutschland gelegenen schwedischen Provintzien gehalten werden solle" (Art. I.). Insbesondere werden dem Könige von Grossbritannien als Churfürsten von Hannover die Herzogthümer Bremen und Verden überlassen (Art. 2.), wofür der

---

[4]) Vgl. Hojer a. a. O. S. 280. und den Bericht von Lord Carteret an den Grafen Stanhope vom 4. Juli 1720. (Anlage XIII.) S. auch Zimmermann, das wahre Sachverhältniss, S. 79 ff.

[5]) Im Auszuge abgedruckt aus Dirckinck-Holmfeld, der dänische Staat und die Separatisten, I. (Altona 1847.) Urkunden S. 108. in der Anlage II., nach der dänischen Ausfertigung.

König von Dänemark die Garantie übernimmt. Er verspricht nämlich für sich und seine Erben und Nachkommen, dass er den Churfürsten bei dem Besitz, Eigenthum und Genuss der beiden Herzogthümer nebst Zubehörungen gegen alle und jeden *(contra quoscunque)* kräftigst mainteniren und garantiren helfen will, und verpflichtet sich, zu dem Ende erforderlichen Falls eine Hülfstruppe von 8000 Mann innerhalb sechs Wochen vom Tage der Aufforderung an zu stellen (Art. 4.). — Für die Einräumung der Herzogthümer sollen dem König von Dänemark 300,000 Rthlr. ⅔ bezahlt werden (Art. 7.).

Die bündnissmässige Hülfe des Königs von Grossbrittannien wird dagegen auf 6000 Mann festgestellt (Art. 10.) und über den Erwerb des Königs von Dänemark und die dafür zu leistende Garantie Folgendes bestimmt:

Art. 11. „Weil Wir das Fürstliche Haus Holstein-Gottorff der Satisfactions- und Indemnisations-Prätension deswegen, dass die Schwedische Armee unter dem Feld-Marschall Graffen Steinbock, mit Veranlass und Bewilligung sothanen Fürstlichen Hausses in die Herzogthümer Schleswig und Holstein eingedrungen, auch endlich dem Graffen von Steinbock an selbigem Fürstlichen Hause gar durch einen förmlichen mit Ihnen gemachten Tractat, die Festung Tönningen eingeräumt, dadurch aber Unseren Landen ein überaus grosser Schade zugefüget worden, nicht erlassen wollen, sondern darauf absolute bestehen, dass Wir dafür den Fürstlichen Antheil des Herzogthums Schleswig behalten wollen: So versprechen Se. Majestät in Grossbrittannien hiermit, und obligiren sich für dero Erben und Nachkommen, dass Sie Uns, Unsere Erben und Nachkommen bei dem Besitz, Genuss und Eigenthumb sothanen Fürstlichen Antheils vom Herzogthum Schleswig *contra quoscunque* kräftigst mainteniren und garantiren helfen, und zu dem Ende jedesmal, wenn es die Noth erfordern, und von Unser Seite — — begehret werden wird, innerhalb sechs Wochen *a die requisitionis* die in nechstvorhergehenden 10. Art. determinirte Hülfsleistung unfehlbar leisten wollen und sollen, auch übrigens, nach Erforderung der Umbstände, mit aller Macht und aus allen Kräften beistehen."

Ueber diese Vereinbarung, deren Zusammenhang mit der späteren englischen Garantie eine genauere Erörterung an dieser Stelle nothwendig macht, ist Folgendes zu bemerken.

I. Auffallend erscheint das Bestreben des Königs von Dänemark, sein Verfahren gegen das gottorpische Haus zu rechtfertigen, während der hannoverische Antheil an der Beute ohne allen Umschweif festgestellt wird. Dass Friedrich IV. selbst an diese Vorwände nicht glaubte, wird später nachgewiesen werden, aber er mag es doch für nothwendig gehalten haben, sein Verfahren gegen den unmündigen Agnaten und Mitregenten vor der Welt in ein möglichst günstiges Licht zu setzen. Auffallend ist, dass er sich bei dieser Gelegenheit nicht auf den Titel der Eroberung berief, sondern auf Entschädigungsansprüche, und zwar in Beziehung auf Schleswig-Holstein, denn nur diese Lande hatten durch den Steenbock'schen Einfall gelitten.

II. Die Garantie wird von Hannover nur für den herzoglichen Antheil an Schleswig übernommen, nicht für das ganze Herzogthum. Diese an sich schon klaren Worte des Vertrages haben später noch von Seiten des Königs von Grossbrittannien eine sehr bestimmte Auslegung erhalten. Er kam nämlich über die Entschädigung des Bischofs von Lübeck gottorpischen Hauses zu einer diplomatischen Erörterung zwischen dem Könige und dem dänischen Hofe, und dabei erhielt der hannoversche Gesandte in Kopenhagen unter dem $\frac{27.\text{ Januar}}{7.\text{ Februar}}$ 1721 von seinem Herrn den Befehl „nochmals zu declariren, dass Wir Unsere der Krone Dänemark wegen des Schleswigschen ertheilte Garantie-Versicherung nicht anders verständen, als auf die Jura, welche die regierenden Hertzoge zu Holstein-Gottorff am Schleswigischen gehabt, *salvo omnino Jure cujuscunque tertii.**)

III. Im Uebrigen sind die wechselseitigen Garantien gleichlautend gefasst, nur dass die von Hannover übernommene Hülfstruppe um 2000 Mann schwächer ist; dafür wird aber unter Umständen eine ausserordentliche Hülfsleistung — vielleicht mit Hinblick auf die Beziehungen zu England — zugesichert, während der König von Dänemark eine solche nicht zur Aufrechthaltung der Garantie, sondern nur allgemein auf Grund des Bündnisses (Art. 10.) versprochen hat.

Die Bedenken wegen der Rechtsansprüche, welche das gottorpische Haus noch auf Schleswig erheben konnte, machten sich aber nicht allein in der Fassung des Art. 11. geltend, sondern sie fanden auch noch in einem besonderen Artikel des Vertrages ihren Ausdruck. In Art. 12. ist nämlich der Fall vorgesehen, dass jenem Hause statt seines bisherigen Antheils an Schleswig eine Entschädigung gewährt werden müsse, und die Verhandlung darüber auf den Convent verwiesen, der seit 1713 auf Veranlassung des Kaisers zur Schlichtung der nordischen und schleswig-holsteinischen Verwickelungen zu Braunschweig abgehalten ward. Doch muss dieser Vorbehalt dem König von Dänemark noch nicht vollständig beruhigt haben, denn Georg I. übernahm demnächst in einer besonderen Declaration zu Art. 12. des Vertrages die Verpflichtung,

---

*) Vergl. Leverkus, eine authentische Interpretation, (Oldenburg, 1848) S. 17.

„wenn allenfalls und wieder alles Vermuthen dem Fürstlichen Hause Gottorff für sein Antheil des Hertzogthums Schleswig einige Satisfaction oder etwas davon sollte zuerkannt werden, der König in Engelland und der König in Dännemark darinnen zu gleichen Theilen gehen wollen, und zwar dergestallt und also, dass auf oberwehnten Fall die Satisfaction des Hauses Gottorff betreffend, keinem Theil mehr als dem andern aufgebürdet werden solle."[7]

Diese Vereinbarung sieht wie eine nachträgliche Erhöhung des Kaufschillings für Bremen und Verden aus; sie ist aber bei den späteren Verhandlungen für die englischen Diplomaten eine „harte Nuss" geworden.

§. 3.
Die englische Garantie.

Wenn auch das Bündniss von 1715 zunächst nur das Churfürstenthum betraf, so griff es doch auch in die Kreise der englischen Politik über, und führte in Verbindung mit den nordischen Verwickelungen für die leitenden Staatsmänner Englands, welche des Königs Gunst durch die Unterstützung seiner hannoverischen Pläne zu gewinnen suchten, die grössten Schwierigkeiten mit sich, so dass nach einer Aeusserung von Lord Townshend die nordischen Angelegenheiten der Opposition den besten Kampfplatz bereiteten, und ins Parlament gebracht die Sache des Königs überhaupt gefährden würden.[8] England fand sich überhaupt durch die allgemeine politische Lage von Europa, welche dem Prä-

---

[7] Anlage II.
[8] S. den Brief von Lord Townshend an den Staatssecretair Stanhope vom 27. October 1716 bei Coxe, Memoirs of Sir Rob. Walpole, I. p. 302. 303.

tendenten neue Hoffnungen eröffnete, sowie durch die drohende Stellung, welche Russland einnahm, und durch sein eigenes Handelsinteresse darauf hingewiesen, den schwedisch-dänischen Krieg so bald wie möglich zu Ende zu bringen. Sobald daher der Tod König Karl XII. Aussicht auf Erfolg gewährte, wurden die Friedensverhandlungen unter englischer und französischer Vermittlung begonnen. Denn Frankreich hatte sich unter der Regentschaft Philipps von Orleans dem englischen Bündniss zugewandt und leistete auch in den nordischen Angelegenheiten einen, wenngleich nicht unzweideutigen Beistand.

Die Stellung, welche England bei diesen Friedensverhandlungen einnahm, ist in einem Schreiben des Staatssecretairs Grafen Stanhope an den englischen Gesandten in Paris, Lord Stair übersichtlich angegeben.*) Dänemark, heisst es hier, werde nie einwilligen, Schleswig gutwillig wieder herauszugeben. Der König von Grossbrittannien habe es ihm aber als Churfürt zugleich mit dem Könige von Preussen in den Verträgen von 1715 garantirt, und da man von ihm die Restitution von Rügen und Stralsund, die er schon selbst habe verkaufen wollen, fordere, sei ihm zum Ersatz für dieses Opfer angeboten worden, dass England die Garantie Grossbritanniens zu der des Churfürstenthums noch hinzufüge. Garantien, die früher dem Hause Gottorp gegeben seien, ständen dem nicht entgegen, da der König von Dänemark mit Grund *(avec fondement)* behaupte, dass sie im vorliegenden Fall keine Anwendung fänden, weil jenes Haus der angreifende Theil gewesen sei. Als die wesent-

---

*) Das Schreiben d. d. Gohre (ohne Zweifel Göhrde in Hannover) den 20. October 1719 ist in dem von Thomsen, die englisch-französische Garantie, S. 19. gegebenen Auszuge in der Anlage IX. abgedruckt.

lichen Bedingungen der dem Könige von Dänemark wegen Schleswigs zu ertheilenden Garantie müsse jedoch zweierlei festgehalten werden: der vorgängige Abschluss des Friedens und die Ermächtigung, dem Herzoge für seinen Antheil an Schleswig eine Entschädigung zu verschaffen, wofür ausser Wismar, welches Schweden an Dänemark abzutreten habe, ganz Holstein *(le Holstein entier)* in Aussicht genommen werden.

Auf dieser Grundlage begannen die Verhandlungen, deren Seele der kluge und energische Lord Carteret wurde, der sie als englischer Botschafter leitete. Zuvörderst gelang es der englischen Vermittlung, zwischen Schweden und Dänemark am 30. October 1719 einen Waffenstillstand auf sechs Monate zu Stande zu bringen, der später noch einmal verlängert, jetzt aber vermittelst einer besonderen Convention zwischen Grossbrittannien und Dänemark festgestellt ward [10]). Die englische Garantie für Schleswig ist im Art. 4 übernommen. Der König von Grossbrittannien verspricht und verpflichtet sich, für sich, seine Erben und Nachfolger, den König von Dänemark, seine Erben und Nachfolger in dem ruhigen Besitze des Herzogthums Schleswig aufrecht zu erhalten, gegen alle diejenigen, welche ihn darin angreifen oder stören sollten, in der Art und Weise *(sur le pied et de la même manière)* wie der König von Grossbrittannien sich als Churfürst von Braunschweig bereits zu dieser Garantie durch den Vertrag vom 26. Juni 1715 verpflichtet hat. Diese englische Garantie soll in aller Kraft bestehen bleiben, nicht nur während des Waffenstillstandes, sondern auch für alle Zukunft, wenn der Waffenstillstand zum Frieden geführt hat. — Der König von Grossbrittannien

---

[10]) Der Vertrag vom 30. October 1719 ist nach Dirckinck-Holmfeld a. a. O. S. 118. in der Anlage III. im Auszuge abgedruckt.

verpflichtet sich ferner (Art. 5) dahin zu wirken, dass in dem Friedenstractate ausdrücklich vorgesehen werde, dass die Krone Schweden niemals und in keiner Weise die dänische Krone hinsichtlich des Herzogthums Schleswig stören oder belästigen könne.

Diese letzte Bestimmung ward durch den Art. 6 des Friedensburger Friedens erfüllt, der am 3. Juni 1720 vorläufig unterzeichnet, aber erst später ratificirt worden ist [11]). Damit die Blutsverwandtschaft, welche zwischen dem Herzoge von Schleswig-Holstein und der Krone Schweden besteht, der Entscheidung über das Herzogthum Schleswig kein Hinderniss bereite, erklärt und verspricht die schwedische Majestät für sich und die Krone Schweden, sich keiner Anordnung der vermittelnden Mächte widersetzen und dem Herzoge gegen den König von Dänemark in dieser Hinsicht keinen thätigen Beistand (*assistance de fait*) leisten zu wollen. Damit opferte Schweden den Fürsten auf, der nach Erbrecht seine Krone hätte tragen sollen, und dem man wegen des dem schwedischen Heere geleisteten Beistandes sein Land genommen hatte!

Von dieser Seite konnte der König von Dänemark beruhigt sein; aber es waren noch weit grössere Schwierigkeiten zu überwinden, ehe er zum gesicherten Besitze des herzoglichen Antheils an Schleswig gelangte. Die ältere englische Garantie für das gottorpische Haus machte dabei, wie Stanhope's oben angeführte Aeusserung zeigt, den englischen Staatsmännern kein grosses Bedenken. Freilich wussten sie, als Dänemark sich in einem späteren Stadium der Verhandlungen nicht gefügig genug zeigte, auch hiervon einen geschickten Gebrauch zu machen, indem sie mit einem

---

[11]) S. Anlage IV. nach Du Mont, T. VIII. P. 2. p. 30.

seltenen Cynismus erklärten, bis Dänemark durch den Friedensschluss die englische Garantie für Schleswig wirksam gemacht habe, befinde sich die Krone von Grossbrittannien noch unter der entgegengesetzten Verpflichtung zu Gunsten des gottorpischen Hauses durch den Travendahler Frieden, wie Frankreich durch den von Fontainebleau [12]). Sie drohten also mit einer völkerrechtlichen Verpflichtung, welche, wenn sie noch bestand, das Versprechen zu Gunsten Dänemarks zu einem Vertrags- und Treubruche machte. Allein das war eben nur eine diplomatische Wendung, auf welche kein weiteres Gewicht gelegt wurde. Im Allgemeinen sahen die englischen Bevollmächtigten solche Garantieverträge ähnlich wie die Bündnisse an, welche in den damaligen Zeiten, wie fest sie auch geschlossen schienen, nach den politischen Conjuncturen schnell wechselten; sie überliessen es den Umständen, den Werth, der ihnen beizulegen sei, zu bestimmen. [13])

Dagegen war es schwer, über die Entschädigung, welche dem Herzoge von Gottorp für seinen Antheil an Schleswig zu bewilligen war, hinwegzukommen. Der Vertrag von 1715 Art. 12 hatte hierauf Rücksicht genommen, und Georg I. hatte sich in der Declaration zu diesem Artikel ausdrücklich verpflichtet, die Entschädigung des Herzogs zur Hälfte zu übernehmen. Traf dies nun auch nicht den König von England als solchen, so traf es ihn doch als Churfürsten von Hannover, und die englischen Minister hatten allen Grund, ihn gerade in dieser Eigenschaft zu schonen. Nun fand aber die Sache des jungen Herzogs allgemeine und

---

[12]) S. den vertraulichen Bericht der Lords Carteret und Polwarth an den Grafen Stanhope vom 8. October 1720 (Thomsen S. 116.) in der Anlage XXI.

[13]) Vgl. Anlage XXI. und unten Note 25.

grosse Theilnahme. Der deutsche Kaiser, welcher die Restitution von Holstein forderte, hatte erklärt, wegen Schleswigs als Vormund des Herzogs handeln zu wollen [14]); Russland war für ihn thätig und hatte die Garantie Schleswigs für ihn übernommen [15]). Der Regent von Frankreich war ihm günstig (Thomsen S. 61), ja Friedrich IV von Dänemark drang selbst darauf, dass England wie früher Hannover sich für die Hälfte der etwa nothwendigen Entschädigung verbindlich mache. Wie Lord Carteret vertraulich an den Staatssecretair Stanhope berichtet [16]), hat der König von Dänemark dabei erklärt, dass die schleswigsche Angelegenheit für ihn eine Ehrensache sei, und dass er keinen Frieden schliessen werde, wenn der friedliche Besitz von Schleswig ihm nicht gesichert sei. Carteret habe darauf erwiedert, er sei nicht ermächtigt, eine solche Verpflichtung zu übernehmen; sie sei aber auch nicht nöthig, denn er befürchte (*because I apprehended*), dass der Herzog sich zu keiner Abtretung (*cession*) verstehen werde, und ohne eine solche könne er keine Entschädigung fordern. Des Königs Ruhm und Macht, die Garantie von England und Frankreich gewährten ihm einen Besitztitel, der zu stark sei, um bestritten werden zu können. Aber der König antwortete, dass es ihm nicht darauf ankomme, einen Besitztitel allein durch die Gewalt zu haben (*that He did not care to have a*

---

[14]) Nach einem nicht abgedruckten Briefe von Lord Carteret an Lord Polwarth, den englischen Gesandten in Kopenhagen, mitgetheilt von Thomsen, a. a. O. S. 24.

[15]) Bericht der Lords Carteret und Polwarth an den Grafen Stanhope vom 8. October 1720 (Thomsen S. 107.) in der Anlage XX. — Schreiben des Herzogs Carl Friedrich an die Königin von Schweden vom 17. März 1720 (Thomsen S. 61.) in der Anlage XII.

[16]) S. den Bericht vom 4. Juli 1720 nach dem bei Thomsen S. 38 gegebenen Auszug in der Anlage XIII.

title merely by force); dass er eine Abtretung für nothwendig halte (*that He thought a cession necessary*). Der Lord übernahm darauf dieselbe Aufgabe, welche später am Todtbette des Königs dessen Beichtvater zufiel, indem er sein Gewissen wegen der Occupation des herzoglichen Schleswigs zu beruhigen suchte [17]). Des Königs Recht beruhe auf der Eroberung und das sei ein sehr gerechter Titel (*a very just title*). Das, sagte der Lord, sei immer das Gesetz grosser Fürsten gewesen und werde es bleiben, was auch die Rechtsgelehrten und Pedanten dazu sagen möchten; er unterliess dabei freilich zu erörtern, ob die Occupation Schleswigs als eine Eroberung in einem wirklichen Kriege gelten könne, und ob die Eroberung oder die im Frieden erlangte Abtretung der Rechtstitel für den Erwerb fremden Staatsgebietes sei.

In einem gleichzeitigen Schreiben (vom 8. Juli) äussert sich auch der Staatssecretair Stanhope gegen die brittischen Unterhändler über diese Frage. Da der Herzog nicht leicht zu einer Abtretung zu bewegen sein werde (*who will not easely be persuaded to make a cession of that Dutchy*), welche für Dänemark unzweifelhaft den besten Rechtstitel geben werde, so lasse sich menschlicher Einsicht nach dafür keine bessere Sicherung substituiren, als die von England, Frankreich und andern Mächten übernommene Garantie; habe aber England eine solche übernommen und sei der Friede geschlossen, dann sei es freilich sein Interesse, sich Cogaranten zu verschaffen und mit Dänemark und

---

[17]) Auf des Königs Frage, ob er den herzoglichen Antheil an Schleswig mit gutem Gewissen behalten könne? antwortete der Beichtvater ausnehmend vorsichtig: Habe er ihn mit gutem Gewissen genommen, so könne er ihn auch mit gutem Gewissen behalten.

anderswo die geeigneten Mittel zu vereinbaren, die Ansprüche des Herzogs zu vernichten[18]).

Derselbe Stanhope also, der, wie oben angeführt, noch unter dem 30. October 1719 die Entschädigung des Herzogs für seinen Antheil an Schleswig zur Bedingung der Garantie gemacht, und dafür Wismar und das ganze Holstein in Aussicht genommen hatte, fragte am 8. Juli 1720 nicht mehr, wie eine entsprechende Entschädigung (den Schutz Friedrich IV. im Besitze von Schleswig einmal als eine politische Nothwendigkeit vorausgesetzt) etwa aufzufinden und der Herzog dadurch zur Abtretung zu bestimmen sei; sondern anstatt den Besitz auf einen Rechtsgrund zu stützen, will er ihn jetzt vermittelst der Garantie durch die Macht sichern. Und in der That war diese Wendung nothwendig, wenn Georg I. von seiner Verpflichtung aus dem Vertrage von 1715 frei gemacht werden sollte; denn an eine Bewilligung des englischen Parlaments für diesen Zweck war nicht zu denken.

Die weitere Behandlung der Entschädigungsfrage entspricht dieser Auffassung. Unter dem 17. August 1720 meldet der englische Botschafter dem Staatssecretair, dass der König von Dänemark mit ihm die Frage erörtert habe, ob er dem Herzoge seinen Antheil an Holstein herausgeben solle, und ob derselbe wohl mit dieser Restitution sich begnügen, — also darin auch eine Entschädigung für Schleswig finden werde[19]). Er übergeht aber die Thatsache mit Stillschweigen, dass der deutsche Kaiser, welcher von Reichswegen in dieser ganzen Angelegenheit den Standpunkt des Rechts vertrat, bereits unter dem 9. November 1719

---

[18]) S. Anlage XIV., aus Thomsen S. 42.
[19]) Anlage XVIII., aus Thomsen S. 82.

die Executions-Commission zur Restitution des Herzogs wegen Holstein eventuel aufgetragen hatte, und dass unter dem 9. August 1720 das kaiserliche Restitutions-Edict an den König von Dänemark als Herzog von Holstein erlassen war, in welchem „Kraft allerhöchsten Kayserlichen Ambts" die ungesäumte und vollständige Restitution der dem Herzoge von Gottorp „mit Gewalt der Waffen entzogenen Reichslande" anbefohlen ward[20]). Wie konnte also Friedrich IV., welcher dem Herzoge seinen Antheil an Schleswig und Holstein gewaltsam entzogen hatte, ihm dadurch eine Entschädigung für Schleswig leisten, dass er Holstein gezwungen restituirte?

In der That ist die Frage zwischen dem königlichen und dem gottorpischen Hause erst durch die späteren Verträge von 1767 und 1773 ausgetragen worden; bis dahin musste die englisch-französische Garantie den fehlenden Rechtstitel für das königliche Haus ersetzen.

§. 4.
Die englische Garantie (Fortsetzung).

Der königliche Antheil an Schleswig war in keiner Weise bedroht; wenn daher Friedrich IV. bei dem Abschluss des Friedens ein so grosses Gewicht auf die englische Garantie wegen Schleswigs legte, so konnte es ihm nur darauf ankommen, gegen die Ansprüche des Herzogs auf den ihm gewaltsam entrissenen Antheil an Schleswig gesichert zu werden[21]). In diesem Sinne sprach er mit dem Bot-

---

[20]) Das kaiserliche Restitutions-Edict bei Falck, Sammlung S. 275.

[21]) Schreiben des Grafen Stanhope an die Lords Carteret und Polwarth vom 8. Juli 1720 (Anlage XIV.) The true point of view of Denmark is to fence and secure the possession of Schleswick against the Duke of Holstein, who will not easily be persuaded to make a cession of that Dutchy.

schafter Lord Carteret und äusserte den Wunsch, dass ihm eine neue Acte ausgestellt werden möge, durch welche die Krone von Grossbrittannien sich verpflichte, den herzoglichen Antheil ihm unmittelbar zu garantiren, ohne wie in dem Vertrage vom 30. October 1719 sich nur im Allgemeinen auf den hannoverschen Vertrag von 1715 zu beziehen[22]). — Englischer Seits trug man kein Bedenken, diesem Wunsche zu entsprechen[23]), und die dänischen Minister legten daher einen Garantie-Entwurf vor, dem aber der englische Gesandte Lord Polwarth, weil er ihn nicht ganz geeignet fand, einen abgeänderten Entwurf gegenüberstellte, aus welchem die am 26. Juli 1720 ratificirte Garantie-Acte hervorging[24]).

Bei der Erörterung der Garantie-Acte ist es von Interesse, die Punkte besonders hervorzuheben, in welchen sie mit dem dänischen Entwurfe übereinstimmt und in welchen sie von demselben abweicht.

I. Der dänische Entwurf knüpft an den hannoverschen Vertrag von 1715 an, indem er denselben zur eigentlich entscheidenden Norm macht, gedenkt der Garantie vom 30. October 1719 nur als einer Uebergangsform und schliesst an jenen Vertrag unmittelbar die dispositiven Worte der neuen Acte an. Die ratificirte Acte nimmt zunächst auf den Vertrag von 1715 gar keine Rücksicht, sondern bezieht sich nur auf die Garantie von 1719, deren Fortdauer für

---

[22]) Bericht von Lord Carteret an den Grafen Stanhope vom 16. Juli 1720, aus Thomsen S. 49., in der Anlage XVI.

[23]) Thomsen a. a. O. S. 51. 56. 62. 64. 67.

[24]) Der dänische Entwurf ist aus Thomsen, S 51. (ebend. S. 53. findet sich Lord Polwarth's Gegen-Entwurf) in der Anlage V. abgedruckt; die ratificirte Garantie-Acte nach Du Mont T. VIII. P. II. p. 33. in der Anlage VI. — Auffallend ist das Datum der Letzteren vom 26. Juli (vielleicht alten Styls), da Lord Polwarth's Bericht (Thomsen S. 55.) vom 23. Juli datirt ist.

den Fall des zu Stande gekommenen Friedens verabredet worden. Die von Neuem übernommene Verpflichtung wird ausdrücklich als eine auf den Wunsch des Königs von Dänemark gegebene Bestärkung und Erläuterung des Vertrages von 1719 bezeichnet. — Erst am Schluss der Acte nimmt dieselbe, dem dänischen Entwurf entsprechend, auf den Vertrag vom Jahre 1715 Bezug, aber auch wieder in einer abweichenden Form. Während sie nämlich sagt: Alles vermöge des Vertrages von 1715 (*le tout en vertu du Traité conclu en* 1715), hatte man dänischer Seits die Formel vorgeschlagen: Alles in Uebereinstimmung und zu Folge unserer im Vertrage vom J. 1715 ausgedrückten Verpflichtungen (*le tout en conformité et suivant nos engagements exprimés dans le Traité sus dit de l'année* 1715).

Der Grund, weswegen die beiden Regierungen auf diese verschiedene Fassung Gewicht legten, ergiebt sich aus einem späteren Bericht der englischen Bevollmächtigten an den Staatssecretair [25]). Friedrich IV. wünschte eine Special-Garantie, und zwar im Sinne des Vertrages von 1715, in welchem ausdrücklich der herzogliche Antheil garantirt, eine bestimmte Bundeshülfe versprochen und die Entschädigung an den Herzog zur Hälfte übernommen war; die Engländer dagegen wollten nur eine generelle Garantie übernehmen, auf welche von keiner Seite ein besonderes Gewicht gelegt ward,[26]) und hatten die Worte in diesem Sinne gefasst. Allein sie hatten es nicht vermeiden können, auf den Vertrag von

---

[25]) S. den vertraulichen Bericht der Lords Carteret und Polwarth an den Grafen Stanhope vom 8. October 1720, aus Thomsen S. 116., Anlage XXI. Vgl. Anlage XIII.

[26]) S. die Aeusserungen über die (generelle) französische Garantie in der Anlage XX.

1715 ausdrücklich Bezug zu nehmen, wenn auch, wie so eben gezeigt ist, in einer möglichst unverfänglichen Weise. Darauf beriefen sich nun die dänischen Minister, indem sie behaupteten, der neue Garantievertrag verpflichte den König von England zu derselben Hülfe, wie der Vertrag von 1715 den Churfürsten von Hannover, nämlich zu 6000 Mann (nicht 8000 Mann, wie man den Bevollmächtigten gesagt hatte, welche also den letzteren Vertrag gar nicht kannten). Die Bevollmächtigten gaben nun anheim, diese Streitfrage auf sich beruhen zu lassen. Die Auslegung, welche die dänischen Minister der Garantie-Acte geben, könne dessen Sinn nicht ändern. Je mehr sie davon erwarten, desto besser. Komme es einmal zur Ausführung, so könne England seine eigene Auslegung geltend machen. — Dabei ist es denn auch geblieben.

II. Nach dem dänischer Entwurf sollte der König von England die Garantie übernehmen für sich und die Krone von Grossbrittannien zu Gunsten des Königs von Dänemark und Norwegen, seiner Erben und Nachfolger. Aehnlich war die Garantie von 1715 gefasst: „Seine Majestät von Grossbrittannien für sich, dero Erben und Nachkommen, dass Sie Uns (Friedrich IV.), Unsern Erben und Nachkommen" u. s. w.; und die von 1719: der König von Grossbrittannien für sich, seine Erben und Nachfolger für den König von Dänemark, seine Erben und Nachfolger. In der Garantie-Acte vom Jahre 1720 übernimmt wiederum der König von Grossbrittannien für sich, seine Erben und Nachfolger die Verpflichtung, aber nur dem Könige von Dänemark gegenüber, ohne dessen Erben und Nachfolger zu nennen.

Ob dies Absicht oder nur die Folge einer mangelhaften Fassung gewesen ist, lässt sich nicht entscheiden. Doch ist bei der ausdrücklichen Bezugnahme auf den Vertrag von

1719 wohl das Letztere wahrscheinlich. Weggelassen ist aber bei der Titulatur des Königs von Dänemark die Hinzufügung von Norwegen, und bei der Verpflichtung des Königs von Grossbrittannien die Bezugnahme auf die brittische Krone. Letzteres ist gleichgültig, da die Erben und Nachfolger genannt sind; Ersteres aber nicht ganz unerheblich, da wenn Norwegen genannt war, die Auslassung der Herzogthümer Schleswig-Holstein bei der Titulatur auf einen Hintergedanken schliessen lassen konnte.

III. Nach dem dänischen Entwurf übernimmt der König von Grossbrittannien die Verpflichtung auf sein königliches Wort, in der kräftigsten und feierlichsten Weise; die Garantie-Acte lässt dies weg, und nur die Ratification enthält in der hergebrachten Weise das Versprechen der Erfüllung und Beobachtung auf königliches Wort.

IV. Der eigentlich dispositive Theil, in welchem die Garantie übernommen wird, zeigt wiederum mehrere nicht unerhebliche Abweichungen.

Nach dem dänischen Entwurf verspricht der König von Grossbrittannien, dass er dem Könige von Dänemark garantiren wolle den friedlichen und ewigen Besitz des herzoglichen Antheils an dem Herzogthum Schleswig, welchen er gegenwärtig wirklich besitzt, und ihn darin aufrecht zu erhalten gegen alle und jeden, welche ihn darin stören wollen, sei es unmittelbar oder mittelbar.[27]) Nach der Garantie-Acte verspricht und verpflichtet sich der König von Gross-

---

[27]) — de vouloir garantir à S. M. le roi de Danemarc et Norvège et ses Héritiers et Successeurs la possession paisible et perpetuelle de la partie Ducale du Duché de Schleswick, que S. M. Dan. occupe à present actuellement, et de vouloir les y maintenir contra quoscunque, qui voudroient les y troubler, soit directement ou indirectement.

brittannien dem Könige von Dänemark zu garantiren und zu erhalten in fortdauerndem, friedlichem Besitze den herzoglichen Antheil an dem Herzogthum Schleswig, welchen er in Händen hat, und ihn zu vertheidigen so gut als möglich gegen alle und jeden, welcher versuchen sollte ihn zu stören, sei es unmittelbar oder mittelbar.[28]) — Also statt des ewigen Besitzes — ein fortdauernder; statt wirklich besitzen — in Händen haben; statt aufrecht erhalten — so gut als möglich vertheidigen!

V. In Einem Punkte stimmen beide Redactionen überein: es ist der Besitz des herzoglichen Antheils an Schleswig garantirt worden, worauf es, wie oben gezeigt worden, dem Könige von Dänemark allein ankam. Zwar hat der bei Dumont abgedruckte Text der Garantie-Acte nicht die Worte: *la partie ducale*, sondern nur: *la partie;* allein wie unten (§. 7.) bewiesen werden soll, ist dies ein offenbarer Druckfehler.

§. 5.

Die französische Garantie.

Frankreich, welches gemeinschaftlich mit England den Frieden zwischen Dänemark und Schweden vermittelte, nahm dabei im Allgemeinen eine zurückhaltende Stellung ein, so dass die englischen Staatsmänner alle Mühe aufzuwenden

---

[28]) — et Sa Majesté de Dannemark, pour rendre cette convention plus parfaite, demande encore une plus ample élucidation: Ainsi Sa Majesté Britannique promet et s'oblige pour soi, ses Héritiers et Successeurs, de lui garantir et **conserver dans une possession continuelle et paisible la partie ducale du Duché de Sleswick**, laquelle Sa Majesté Danoise **a entre les mains, et de la defendre le mieux possible contre tous et chacun** qui tâcheroit de la troubler, soit directement ou indirectement.

hatten, es auf der Linie der Triple-Allianz festzuhalten. Auch die französische Garantie wegen Schleswigs war nicht ohne Schwierigkeit zu erlangen, obgleich England sich lebhaft dafür interessirte, um dem Könige von Dänemark den Frieden annehmbar zu machen und durch die Verstärkung der eigenen Garantie über die lästige Frage wegen der Entschädigung des Herzogs von Gottorp hinweg zu kommen.[29] Der Grund, welcher den dänischen Hof bestimmte, gerade auf die Erlangung der französischen Garantie ein so grosses Gewicht zu legen, findet sich in dem Berichte der englischen Bevollmächtigten vom 8. October 1720 sehr bestimmt angegeben.[30] Es handle sich, sagen sie, für Frankreich nur um eine Verpflichtung im Allgemeinen, und der dänische Hof sei scharfsinnig genug auf dieselbe zu bestehen, mehr um den französischen Hof von seinen früheren Verpflichtungen gegen das gottorpische Haus, die er im Frieden von Fontainebleau übernommen hatte, abzuziehen, als in der Hoffnung oder Erwartung, durch die Garantie von Frankreich eine wirkliche Hülfe für den Fall zu erhalten, dass Dänemark unglücklicher Weise wegen Schleswigs angefochten werden sollte.

Dieser Lage der Sache entsprechen nun auch die über die französische Garantie gepflogenen Verhandlungen. In der Instruction, welche der Regent, Herzog von Orleans dem französischen Gesandten in Stockholm, von Campredon ertheilte, wird nur eine Garantie der Abtretung des Herzogthums Schleswig zu Gunsten des Königs von Dänemark in Aussicht gestellt,[31] und wenn der Abbé Dubois später auch

---

[29] Vgl. oben Note 18.
[30] Berichte der Lords Carteret und Polwarth an den Grafen Stanhope (Thomsen S. 107.) in der Anlage XX.
[31] S. das Schreiben des Regenten vom 17. Januar 1720 (Thomsen S. 27.) in der Anlage X.

ermächtigt ward, eine Garantie ähnlich der englischen zu versprechen,[32]) so entschloss sich der Regent doch überhaupt nur zögernd und ungern, der englischen Politik auf dieser Bahn zu folgen. Auch verhehlte Dubois nicht den Grund, weswegen es dem Regenten so schwer falle, die Garantie wegen Schleswigs zu übernehmen: er würde dadurch genöthigt werden, ältere Verpflichtungen zu brechen, und in den Augen der französischen Nation entehrt sein.[33]) Dem Regenten wurde es also nicht so leicht wie Lord Carteret über einen solchen Treubruch hinwegzukommen.

Schliesslich überwog aber doch das politische Interesse, welches den Regenten an England knüpfte, und welches durch den Staatssecretair Stanhope bei seiner Anwesenheit in Paris nachdrücklich hervorgehoben ward. Auch war der Erzbischof von Cambray ganz der Mann, dem Regenten über die Bedenken der Treue und Ehre, welche ihn zurückhielten, hinwegzuhelfen. Nach Documenten, die er leider nicht mitgetheilt hat, berichtet Thomsen (a. a. O. S. 107.), der Gesandte des Herzoges von Gottorp, Herr Dümont habe sich bei Dubois darüber beschwert, dass die Garantieratificationen, wie er erfahren habe, abgesandt seien. Darauf habe ihm dieser geantwortet, dass die Acte nur ein Stück Lumpen *(chiffon)* sei, welches der Norden für gute Waare nehme, das aber für ihn selbst und den Regenten durchaus keine Bedeutung habe: der Herzog solle sich übrigens die Freundschaft des Czaren zu erwerben suchen, *et ne se mettre pas en peine du reste.*

---

[32]) Dubois an den dänischen Gesandten Wernicke (1. Februar 1720); s. Anlage XI. aus Thomsen S. 32.

[33]) Bericht des englischen Gesandten Rob. Sutton an den Grafen Stanhope vom 27. August 1720, in der Anlage XIX. aus Thomsen S. 78.

Die französische Garantie wurde also gegeben, jedoch erst nachdem vorher über einen wesentlichen Punkt in der Fassung der Acte besonders verhandelt worden war. Anfangs war darin ganz allgemein die Verpflichtung übernommen, dem Könige von Dänemark das Herzogthum Schleswig zu garantiren; dänischer Seits aber wünschte man auch hier eine bestimmte Beziehung auf den herzoglichen Antheil, und schlug den Zusatz vor: und ihn, den König, in dem friedlichen Besitz des herzoglichen Antheils an besagtem Herzogthum Schleswig aufrecht zu erhalten, — *et de le maintenir dans la possession paisible de la partie Ducale du dit Duché de Schleswick*.[34]) Der englische Botschafter suchte die Annahme dieses Vorschlags bei dem französischen Hofe zu vermitteln, und dieser ging auch im Wesentlichen darauf ein. Er übernahm in der am 18. August 1720 ratificirten Garantie-Acte in Erwägung der Verhältnisse und auf den Wunsch der Könige von Grossbritannien und Dänemark für die letztere Krone die Garantie des Herzogthums Schleswig, indem er versprach, den König von Dänemark in dem friedlichen Besitz des herzoglichen Antheils an dem besagten Herzogthum zu behaupten.[35])

---

[34]) S. Lord Carteret's Bericht an den Grafen Stanhope vom 9. Juli 1720 (Thomsen S. 45.) in der Anlage XV.
[35]) S. Anlage VII. nach Du Mont T. VIII. P. II. p. 32.: — le Roi Très-Chrétien a bien voulu pour toutes ces considerations et sur les instances des Rois de la Grand-Bretagne et Dannemark, accorder à cette dernière Couronne, comme il lui donne par ces Présentes, la Garantie du Duché de Sleswick, promettant — — de maintenir le Roi de Dannemark dans la possession paisible de la partie Ducale du dit Duché.

§. 6.
Das englisch-französische Bündniss mit Dänemark von 1727.

Unter den Garantie-Verträgen, durch welche England und Frankreich dem Könige von Dänemark das Herzogthum Schleswig gewährleistet haben sollen, pflegt auch ein solcher vom Jahr 1727 aufgeführt zu werden. Aber dies beruht auf einem Irrthume; die Sache verhält sich vielmehr also. Nach Czar Peter I. Tode hatte die Kaiserin Katharina, der Politik ihres Gemahls folgend, die Sache des Herzogs Carl Friedrich von Schleswig-Holstein zu der Ihrigen gemacht, ihn mit der Grossfürstin Anna vermählt und in Verbindung mit andern gegen Dänemark gerichteten Plänen seine Restitution in Schleswig in Aussicht genommen. Um dieser Wendung der russischen Politik entgegen zu treten, schlossen England und Frankreich am 16. April 1727 mit Dänemark zu Kopenhagen ein Bündniss.[36]) In diesem Vertrage haben die beiden erstgenannten Mächte aber keine neue Garantie für Schleswig übernommen, sondern nur auf Grund der früher eingegangenen ihre Hülfe zugesagt. Für eine solche lag aber gerade in diesem Falle die vertragsmässige Voraussetzung vor; denn nach der Absicht der Kaiserin handelte es sich um die Restitution des Herzogs in Schleswig, es war also gerade der Besitz des Königs von Dänemark an dem gottorpischen Antheil bedroht. Die Verpflichtungen und Garantien in Beziehung auf das Herzogthum Schleswig (*leurs Engagemens et Garanties, données par rapport au Duché de Schleswick*), auf deren Erfüllung der König von Dänemark von Seiten der verbündeten Mächte vertraute, entsprechen daher genau den im Jahre 1720 übernommenen Garantien.

---

[36]) Der Auszug des Vertrages nach Du Mont T. VIII. P. II. p. 144. in der Anlage VIII.

§. 7.
Der Inhalt der englisch-französischen Garantie.

Wenn dänischer Seits behauptet wird, die Garantie sei für das ganze Herzogthum Schleswig und zwar dem Könige von Dänemark als solchen gegeben worden, so wird sich die Prüfung dieser Behauptung an die Beantwortung von zwei Fragen anknüpfen lassen, nämlich
    I. Was ist garantirt worden?
    II. Wem ist garantirt worden?
    I. Die beiden Mächte haben nur für den herzoglichen Antheil an Schleswig die Garantie übernommen. Für die entgegengesetzte Auffassung wird angeführt,
> A. dass in den Urkunden und Actenstücken wiederholt von einer Garantie des Herzogthums Schleswig gesprochen wird;
> B. dass die englische Garantie-Acte nicht den **herzoglichen Antheil** als Gegenstand der Gewährleistung nennt.

Dass beide Gründe durchaus hinfällig sind, geht schon aus der oben gegebenen geschichtlichen Darstellung hervor; es soll aber im Folgenden noch genauer nachgewiesen werden.

    A. Allerdings kommt wiederholt der Ausdruck vor, dass die Garantie des Herzogthums Schleswig übernommen sei; nirgends aber ist gesagt worden, dass dieselbe sich auf das **ganze Herzogthum** erstrecken solle, — etwa wie in dem Schreiben des Staatssecretairs Stanhope als Entschädigung für den Herzog von Gottorp ausser Wismar das ganze Holstein *(le Holstein entier)* genannt wird.[37]

---

[37] Anlage IX.

Die Bezeichnung des Herzogthums für den königlichen oder den herzoglichen Antheil an demselben, gewissermaassen als ein selbstständiges Fürstenthum kommt in den gleichzeitigen Actenstücken sowohl in Beziehung auf Schleswig als auf Holstein häufig vor.

Was Holstein betrifft, so war der herzogliche Antheil an demselben zugleich mit dem an Schleswig von Friedrich IV. occupirt worden; die Restitution des Ersteren an den Herzog ward aber von Reichswegen gefordert und schliesslich vom Könige auch gewährt. In der Correspondenz der vermittelnden Staatsmänner wird hierüber vielfach verhandelt, und dabei der herzogliche Antheil oft genau bezeichnet. So berichtet Lord Carteret am 9. Juli 1720, der König von Dänemark habe sich bereit erklärt, dem Herzoge den Theil von Holstein, der diesem gehörte, zurückzugeben[38]); desgleichen am 10. August, der König sei bereit, des Herzogs Antheil an Holstein zurückzugeben[39]) und am 17. August, sein Souverain halte es im Interesse des Königs von Dänemark für geboten, den herzoglichen Antheil an Holstein dem Herzoge unverzüglich zurückzugeben.[40]) — In demselben Sinne wird aber in einem Berichte Lord Carteret's vom 13. August gesagt, der König von Dänemark sei bereit, Holstein an den Herzog ohne Weiteres zurückzugeben[41]); in dem Berichte vom 17. August heisst es wenig Zeilen nach dem obigen Citat (Note 40.), es sei wichtig, wenn der Herzog die Restitution von Holstein annehme; am 17. September berichten die Lords Carteret und Polwarth, der preussische

---

[38]) Anlage XV.
[39]) Thomsen S. 71.
[40]) Anlage XVIII.
[41]) Thomsen S. 77.

Gesandte habe die kaiserliche Aufforderung übergeben, betreffend die unmittelbare Restitution des Herzogthums Holstein an den Herzog;[42] ferner am 1. October, der französische Gesandte habe angefragt, ob Holstein dem Herzoge zurückgegeben sei; die Minister des Herzogs könnten dem französischen Hofe vorhalten: Frankreich habe dem Hause Gottorp Beides, Schleswig und Holstein garantirt; von der Garantie für Schleswig sei es abgegangen; die Garantie für Holstein bleibe in voller Kraft: es sei daher in seiner Ehre verpflichtet, Holstein zurückgegeben zu sehen.[43] Endlich am 21. December: die holsteinischen Minister hätten erklärt, dass der Herzog bereit sei, den Besitz des Herzogthums Holstein, welches der König zurückgeben wolle, zu ergreifen.[44]

Ebenso wird in Beziehung auf das Herzogthum Schleswig das Ganze häufig für den Antheil des Königs oder Herzogs gesetzt. So heisst es in dem Vertrage zwischen Dänemark und Hannover vom 25. Juli 1710, der Churfürst habe die Garantie für das Herzogthum Schleswig übernommen, und in dem Separat-Artikel, er sei nicht verpflichtet, während des gegenwärtigen Krieges dem Könige die Herzogthümer Schleswig und Holstein zu garantiren,[45] — was sich in beiden Fällen nur auf den königlichen Antheil beziehen konnte. — In der Convention von 1719 verspricht der König von Grossbrittannien, während des Waffenstillstandes den ruhigen Besitz des Herzogthums Schleswig nach Maassgabe des mit Hannover abgeschlossenen Vertrages von 1715 zu garantiren; in diesem letzteren Vertrage (Art. 11.) ist aber ausdrücklich

---

[42] a. a. O. S. 89.
[43] Thomsen S. 49. ff.
[44] Anlage XXII.
[45] Anlage I.

nur die Garantie des fürstlichen Antheils übernommen[46]). In der Instruction des Herzogs von Orleans an den französischen Gesandten vom 5. Januar 1720 wird im Eingange auf die Garantie des Herzogthums Schleswig Bezug genommen, später die Ermächtigung für die Abtretung Schleswigs an die dänische Krone, also des herzoglichen Antheils, ertheilt[47]). Wenn ferner nach einem Berichte Lord Carteret's der König von Dänemark den friedlichen Besitz von Schleswig als Bedingung des Friedensschlusses hinstellt,[48]) so lässt sich dies auf den von keiner Seite bestrittenen königlichen Antheil nicht beziehen; ebenso wenig, wenn Graf Stanhope am 8. Juli 1720 schreibt, die wahre Absicht sei dänischer Seits, den Besitz von Schleswig gegen den Herzog zu sichern[49]). Nach dem Bericht Lord Polwarth's vom 24. Juli haben die dänischen Minister verlangt, die englische Garantie des Herzogthums Schleswig erneuert zu sehen nach Maassgabe der Garantien von 1715 und 1719, welche nur auf den herzoglichen Antheil gingen;[50]) in dem Berichte des englischen Gesandten Rob. Sutton vom 27. August wird abwechselnd von der Garantie des Herzogthums Schleswig und des herzoglichen Schleswigs gesprochen;[51]) in dem Bericht der Lords Carteret und Polwarth vom 1. October werden die Hoffnungen des Herzogs auf die Wiedererlangung Schleswigs erwähnt.[52])

Andererseits wird aber auch häufig die genaue Bezeich-

---

[46]) Anlage II. und III.
[47]) Anlage X.
[48]) Anlage XIII.
[49]) Anlage XIV.
[50]) Thomsen S. 55.
[51]) Anlage XIX.
[52]) Thomsen S. 102.

nung des Antheils an Schleswig, um den es sich handelt, gebraucht. Lord Carteret berichtet am 16. Juli 1720, dass der König von Dänemark sich mit ihm von der Garantie des herzoglichen Antheils an Schleswig unterhalten und den Wunsch ausgesprochen habe, dass sie ihm von England in einer selbstständigen Acte ausgestellt werde[53]). In derselben Weise hatte sich der König in dem Rescripte vom 13. März 1713 über die Ausschliessung des Herzogs aus dem Kirchengebete ausgedrückt,[54]) während es in dem s. g. Occupations-Patent von demselben Datum heisst, dass er sich der besagten beiden Herzogthümer und dazu gehörigen Landen und deren Einkünfte versichert habe.[55])

Was aber die Hauptsache ist, die Garantie-Acten haben die genauere Bezeichnung des Gegenstandes der Gewährleistung. Von dem Vertrage von 1715, auf welchen die interimistische Garantie von 1719 Bezug nimmt, ist dies schon hervorgehoben, vergl. Note 46; ebenso verhält es sich mit der französischen Acte. In dieser wird zwar im Allgemeinen die Garantie für das Herzogthum Schleswig gegeben, die entscheidende Worte, welche das formulirte Versprechen enthalten, nehmen aber nur auf den herzoglichen Antheil Bezug.[56])

B. Es steht also fest, dass die hannoversche Garantie von 1715, an welche sich die englische von 1719 und 1720 anschloss, nur für den herzoglichen Antheil an Schleswig

---

[53]) Anlage XVI.
[54]) Falck, Sammlung, S. 263.: „Nachdem Wir — — veranlasset worden, die Possession der Hertzogthümer Schlesswig und Holstein Fürstlichen Antheils zu ergreiffen" —
[55]) a. a. O. S. 262.
[56]) Anlage VII. — promettant, — — de maintenir le Roi de Dannemark dans la possession paisible de la partie Ducale du dit Duché.

übernommen ist; dass dasselbe von der französischen gilt, welche der englischen nachgebildet ist.⁵⁷) Wenn schon daraus hervorgeht, dass auch die englische Garantie keinen weiteren Umfang haben konnte, so ergiebt sich dies positiv aus Folgendem. Es ist eben gezeigt worden, dass der dänische Entwurf für die englische Garantie nur auf den herzoglichen Antheil sich bezog.⁵⁸) Diese Fassung ging in den Gegenentwurf des englischen Gesandten Lord Polwarth wörtlich über,⁵⁹) welcher dann mit einigen Abänderungen ratificirt ward. Nun findet sich freilich in dem französischen Texte dieser Acte, welche bei Dumont abgedruckt ist (die andern von mir verglichenen Abdrücke sind diesem gefolgt) folgende Abweichung von dem dänischen und Polwarthschen Entwurf: statt *la partie Ducale etc.* heisst es: *la partie du Duché de Sleswick, laquelle S. M. Danoise a entre ses mains.* — In den Verhandlungen findet sich keine Andeutung, welche diese Weglassung des Wortes *ducale* erklären könnte; sie nimmt auch der ganzen Stelle ihren Sinn, denn der König hielt keinen Theil, sondern ganz Schleswig besetzt, da Norburg und Arroe, welche die jüngere königliche Linie zu besonderem Rechte besass, nicht in Betracht kamen und während des ganzen Zwistes um den gottorpischen Antheil niemals erwähnt sind.

Es bleibt daher mit voller Sicherheit anzunehmen, dass die Auslassung des Wortes *ducale* nur auf einen Druckfehler beruht, der gewiss nicht durch einen Schreibfehler der Ori-

---

⁵⁷) Schreiben des Abbé Dubois vom 1. Febr. 1720 in Anl. XI.
⁵⁸) Vergl. oben § 4, Note 27.
⁵⁹) Thomsen S. 53 — le Roy de la Grande Bretagne promet et s'oblige pour Luy, ses Héritiers et Successeurs de vouloir garantir à S. M. le Roy de Danemarc et Norvege, ses Héritiers et Successeurs, la possession paisible et perpetuelle de la partie Ducale du Duché de Sleswick, que S. M. Danoise occupe à present actuellement —

ginal-Acte veranlasst worden und den die dänische Regierung am Leichtesten durch die Veröffentlichung der Letzteren berichtigen könnte. Es giebt aber auch für diese Annahme einen positiven Beweis. In einer deutschen Uebersetzung der englischen Garantie-Acte, welche aus einer selbstständigen Quelle veröffentlicht ist, findet sich die richtige Fassung: „hertzoglichen Theil des Hertzogthums Schleswig".[60])

Auf diesen hat sich also die englisch-französische Garantie allein bezogen.

§. 8.
Der Inhalt der Garantie (Fortsetzung).

II. Die zweite Frage, welche hier zu erörtern ist, lautet:

> Wem ist die englisch-französische Garantie ertheilt worden?

Um diese Frage zu beantworten, muss man sich zuvörderst das staatsrechtliche Verhältniss des Herzogthums Schleswig und die Stellung, welche der König von Dänemark zu demselben einnahm, vergegenwärtigen (vergl. oben §. 1.). König Friedrich IV. regierte als Herzog von Schleswig-Holstein über seinen privativen Antheil allein und führte mit dem Herzoge von Gottorp zusammen die gemeinschaftliche Regierung. Indem er nun, wie es in dem Bündniss mit Hannover von 1715 Art. 11. (Anl. II.) heisst, zum Ersatz für den Schaden, den der Einfall der Schweden in Schleswig-Holstein seinen Landen (nämlich den Herzogthümern) zugefügt hatte, den herzoglichen Antheil occupirte, hatte dies die Folge, dass er sich zum alleinigen Herrn des

---

[60]) Schmauss, corpus iur. gentium. II. p. 1846.

Landes machte, den herzoglichen Antheil mit dem Seinigen verband, nicht aber, dass er das Rechtsverhältniss Schleswig-Holsteins hinsichtlich seiner innern Verfassung und seiner Beziehungen zu Dänemark veränderte. Er hat namentlich nicht als König von Dänemark diese Massregeln ergriffen, und den herzoglichen Antheil von Schleswig mit dem Königreich vereinigt. Zu einer solchen, die Incorporation in einen fremden Staat herbeiführenden Eroberung gehörten, ganz abgesehen von dem Rechtspunkte, andere Maassregeln als die Verdrängung eines Mitregenten, und diese ist es allein, welche der König im Jahre 1713 vornahm. Denn die Anordnungen, welche er in Folge der Occupation traf, bezogen sich gleichmässig auf Schleswig wie auf Holstein. Unter dem 18. Februar 1713 erliess er ein Rescript an die Prälaten der beiden Herzogthümer, in welchem er erklärte: nachdem das fürstliche Haus sich durch seine Handlungen als Feind gegen ihn erklärt und dadurch alle Tractaten und Bündnisse aufgehoben, habe er alle dem fürstlichen Hause zugehörigen Lande in seine Botmässigkeit genommen und sich über alle darin befindlichen Unterthanen und Vasallen „die alleinige Jurisdiction" beigelegt.[61]) Das sog. Occupations-Patent vom 13. März 1713 kündet dann den „Prälaten, denen von der Ritterschaft, Stätten und gesammbten Eingesessenen Unterthanen beyder Unserer Herzogthümer Schleswig-Holstein und deren incorporirten Lande" vorläufig an, dass der König sich besagter Herzogthümer und dazugehöriger Lande und deren Einkünfte zu versichern veranlasst gefunden, und befiehlt, die Abgaben nicht weiter an die fürstlich gottorpische Kasse, sondern an die Kriegskasse

---

61) Falck, Sammlung S. 261.

zu Rendsburg zu bezahlen.⁶²) Unter demselben Datum endlich verfügt der König an den Generalsuperintendenten Dassow, dass er wegen der vom fürstlichen Hause Gottorp freiwillig geschehenen Einräumung der Festung Tönningen an die schwedischen Truppen veranlasst worden, die „Possession der Herzogthümer Schleswig und Holstein fürstlichen Antheils zu ergreiffen, und Uns der völligen *Jurisdiction* darüber in allen Stücken sowol in geist- als weltlichen Sachen anzumaassen." Dem Generalsuperintendenten wird nun die Inspection der geistlichen Sachen in Schleswig übertragen und ihm aufgegeben, das Kirchengebet zu verändern, und „jetzo auf Uns allein, Unser Königlich Haus und alle Unsere Königliche Chur- und Fürstliche Anverwandte, wie solches bey Unserm eigenen Kirchen-Gebet bisshero gebräuchlich," einzurichten.⁶³) Darüber ob diese Entfernung des herzoglichen Hauses aus dem Kirchengebet auch in Holstein geschehen, oder etwa mit Rücksicht auf die Stellung des Herzogs als Reichsfürsten unterlassen worden, finden sich keine Mittheilungen; jedenfalls wäre dies die einzige Anordnung gewesen, welche der König von 1713—21 allein für Schleswig getroffen hätte; alle andern Regierungshandlungen sind für beide Herzogthümer gemeinschaftlich geschehen.

So lagen die Verhältnisse bis zu den bekannten Vorgängen des Jahres 1721, welche nach der dänischen Auffassung die Incorporation Schleswigs (und nicht allein des herzoglichen Antheils) in Dänemark herbeigeführt haben sollen. Einer Wiederholung der Gründe, welche diese Auffassung als eine durchaus unrichtige erscheinen lassen, bedarf es hier nicht; denn es handelt sich dabei um Ereig-

---

⁶²) a. a. O.
⁶³) a. a. O. S. 263.

nisse, welche über die Zeit, in welcher die englisch-französische Garantie übernommen ward, hinausliegen. Diese bezieht sich nur, wie oben gezeigt worden, auf den herzoglichen Antheil von Schleswig, welcher im Jahre 1720 ohne allen Zweifel ein Theil von Schleswig-Holstein war. Die Garantie konnte also nur übernommen werden zu Gunsten des Königs als Herzogs dieser Lande, nicht aber zu Gunsten des Königs als Regenten von Dänemark, welches mit den Herzogthümern nur durch die Personal-Union verbunden war. Auch kommt weder in den officiellen Actenstücken, noch in der gleichzeitigen politischen Correspondenz die leiseste Andeutung vor, dass die Garantie für einen, dem Königreich Dänemark incorporirten Theil von Schleswig übernommen worden, oder dass eine solche Incorporation dadurch hat herbeigeführt werden sollen.

Hiergegen ist nun freilich eingewendet worden, die Garantie sei ausdrücklich und mit bestimmten Worten dem Könige von Dänemark und nicht dem Herzoge von Schleswig-Holstein ertheilt, und in der That wird in der englischen Acte der König von Dänemark, die Majestät von Dänemark, die dänische Majestät, in der französischen aber die Krone von Dänemark, der König von Dänemark als Acceptant bezeichnet. Allein dieser Einwand verliert genauer betrachtet alle Bedeutung. Denn in dem internationalen Verkehre jener Zeit war es Sitte, dass die Souveraine, welche verschiedene von einander getrennte Lande beherrschten, nach der vornehmsten Titulatur bezeichnet wurden, ohne dass dabei auf die besonderen Verhältnisse, in welchen sie zu den einzelnen Landen standen, auch wenn es sich um solche handelte, immer Rücksicht genommen ward. Die dem „Könige von Dänemark" gegebene Garantie konnte ihm in seiner Eigenschaft als König von Dänemark oder als Herzog von Schleswig ertheilt sein, und der Zusammenhang muss entscheiden, welchen Sinn man mit den Worten verbunden hat. Ein schlagendes Beispiel dieses Sprachgebrauchs bietet das Bündniss vom Jahre 1715, welches zwischen dem Könige von Dänemark und dem Könige von Grossbrittannien abgeschlossen ist, vom Letzteren aber, wie man jetzt bestimmt weiss, nur in seiner Eigenschaft als Churfürst von Hannover eingegangen wurde.[44])

In demselben Sinne, wie der Königstitel den Souverain über ein Königreich und über andere selbstständige Lande bezeichnen kann, wird in jener Zeit häufig auch das Wort Krone gebraucht. Es bezeichnet in dieser weiteren Bedeutung den in der Person des Herrschers verbundenen Länderbesitz, und wird auch für den Träger der Krone selbst gebraucht, wie z. B. in Art. VI. des Friedensburger Friedens von 1720. (Anl. IV.) auf die Blutsverwandtschaft zwischen dem Herzoge von Gottorp und der Krone von Schweden d. h. der Königin Ulrika Eleonora Bezug genommen wird.

Ueber diesen Sprachgebrauch sind so abschliessende Untersuchungen angestellt worden, dass ein weiterer Nachweis überflüssig ist.[45]) In welchem Sinne also die Worte König, königliche Majestät, Krone von Dänemark in der englischen und französischen Garantie-Acte gebraucht worden sind, — ob sie sich auf Dänemark oder Schleswig-Holstein beziehen, ist nach dem Zusammenhang zu bestimmen. Nach der oben gegebenen Untersuchung bleibt aber kein Zweifel

---

[44]) Vergl. Anl. II. und XIII. und oben §. 2, Note 4.

[45]) S. das Staats- und Erbrecht des Herzogthums Schleswig von Falck, Tönsen, Hermann, Christiansen, Madai, Droysen, Waitz, Ravit, Stein, Professoren an der Universität zu Kiel, (Hamburg, 1846) S. 58, 108. — Leverkus, eine authentische Interpretation, S. 11. — Das rechtliche Erachten bei Bunsen, Denkschrift, (Berlin, 1848) S. 109.

übrig, dass sie dem Könige Friedrich IV. von Dänemark als Herzog von Schleswig-Holstein ertheilt worden sind. Allerdings sind sie ausdrücklich nur auf ihn ausgestellt, nicht wie in dem Vertrage von 1715 Art. 11. und der Convention von 1719 Art. 4. auf seine Erben und Nachfolger. Nimmt man nun aber an, dass diese Fassung keine Beschränkung der Garantie auf die Person des Königs hat bewirken sollen, so kann die Bedeutung der Erben und Nachfolger, denen sie gleichfalls zu Gute kommen soll, nicht zweifelhaft sein. Es sind nämlich nicht seine Erben und Nachfolger in das Königreich Dänemark, sondern in das Herzogthum Schleswig, auf welche die Garantie ausgedehnt worden ist.

§. 9.
Die rechtliche Bedeutung der Garantie.

Es ist bisher bewiesen worden, dass die englisch-französische Garantie vom Jahre 1720 nur für den herzoglichen Antheil an Schleswig übernommen worden ist, und dass sie den bestimmten Zweck hatte, die vom Könige Friedrich IV. durch die Occupation von 1713 vollzogene Vereinigung dieses Antheils mit dem Seinigen zu gewährleisten; es ist ferner bewiesen, dass sie nur dem Könige von Dänemark in seiner Eigenschaft als Herzog von Schleswig und nur seinen Erben und Nachfolgern in dieses Herzogthum ertheilt worden ist.

Wenn dies sich aber also verhält, so hat der jetzige König von Dänemark, der auf Grund des Londoner Vertrages vom 8. Mai 1852 und des dänischen Thronfolgegesetzes von 1853 die Herzogthümer für sich in Anspruch nimmt, kein Recht, sich auf die Garantie zu berufen. Denn als König von Dänemark und abgesehen von seiner Stellung als Agnat der jüngeren königlichen Linie ist er den Herzogthümern Schleswig-Holstein gegenüber ein Fremder. Ja es kann sogar, wenn die englisch-französische Garantie zu Recht bestehen sollte, dieselbe gegen ihn und seine Usurpationsversuche angerufen werden. Denn seit dem Aussterben der älteren königlichen Linie, welche mit Friedrich VII. erlosch, ist die jüngere königliche oder Sonderburgische Linie zur Nachfolge in Schleswig-Holstein berufen; der Erstgeborene in ihr ist der legitime Erbe und Nachfolger König Friedrich IV. in diese Lande und in die Garantie-Verträge, welche sich auf Schleswig beziehen. Wenn nun der König von Dänemark den ruhigen Besitz des legitimen Herzogs von Schleswig gottorpischen Antheils stören will, so ist gerade für den Letzteren die Voraussetzung der Garantie von 1720 eingetreten, und dasselbe würde der Fall sein, wenn der Kaiser von Russland als Vertreter des gottorpischen Hauses trotz der Verträge von 1767 und 1773 einen solchen Versuch machte — Gilt die Garantie also noch jetzt, so ist sie von England und Frankreich durch den Londoner Vertrag vom 8. Mai 1852 offenbar verletzt und gebrochen worden, und zwar zu Gunsten eines willkührlich aufgestellten, weder staatsrechtlich noch völkerrechtlich begründeten sogenannten Princips der Integrität der dänischen Monarchie.

Wird die englisch-französische Garantie jedoch in ihrer rechtlichen Bedeutung einer genaueren Prüfung unterzogen, so ergiebt sich, dass sie von Anfang an nicht die Bedingungen eines rechtsbeständigen völkerrechtlichen Actes an sich trug, und dass sie jedenfalls, auch wenn man von diesen Mängeln absehen könnte, gegenwärtig keine rechtliche Geltung mehr hat.

Beide Punkte sind noch kurz zu erörtern.

I. Die Folgen, welche mit der im Jahre 1713 angebahnten, im Jahre 1773 vollendeten Aufhebung der Zweiherrschaft für Schleswig-Holstein eintraten, waren dem Lande im hohen Grade günstig, denn sie brachten ihm den Segen der einheitlichen Staatsgewalt, und wenn die Dänen es über sich vermocht hätten, Gerechtigkeit zu üben und das gleiche Recht des mit ihnen unter demselben Scepter vereinigten Volkes anzuerkennen, so würde der Wunsch, ja die Nothwendigkeit der Trennung schwerlich hervorgetreten sein. Aber der politische Erfolg ersetzt nicht den Rechtstitel, und dieser fehlte dem Besitze, den König Friedrich IV. an dem gottorpischen Antheil von Schleswig im Jahre 1713 erworben hatte. Vergeblich versuchte er sein Verfahren gegen den unmündigen Herzog, der sein Agnat und Mitregent war, zu rechtfertigen, — ihn als den angreifenden Theil darzustellen, Entschädigungs-Ansprüche oder das Recht der Eroberung gegen ihn geltend zu machen. Die Occupation des herzoglichen Antheils an Schleswig-Holstein war, wie der deutsche Kaiser sie bezeichnete, eine Gewaltthat, welche für Holstein durch die von Reichs wegen herbeigeführte Restitution gesühnt ward. In dem Besitze des herzoglichen Antheils an Schleswig suchte sich dagegen der König zu erhalten, und die englisch-französische Garantie musste dazu dienen, ihm den fehlenden Rechtstitel zu ersetzen. Die garantirenden Mächte übernahmen ihre Verpflichtung freilich zunächst, um den Frieden zwischen Dänemark und Schweden zu Stande zu bringen; allein die Hartnäckigkeit König Friedrich IV. würde auch zu brechen gewesen sein, ohne das gottorpische Haus seinen Ansprüchen aufzuopfern, und die englischen Staatsmänner namentlich würden schon die Mittel dazu gefunden haben, wenn es sich für sie nicht zugleich darum gehandelt hätte, König Georg I. als Churfürsten von Hannover von der im Jahre 1715 übernommenen Entschädigungspflicht frei zu machen. Zu diesem Allen kam aber noch hinzu, dass beide Mächte, England und Frankreich, durch die neue Garantie die ältere Verpflichtung brachen, in der sie aus den Friedensschlüssen von Fontainebleau und Travendahl gegen das gottorpische Haus standen.

Die Garantie von 1720 verletzte in mehrfacher Hinsicht die sittliche Rechtsordnung; sie war deswegen von Anfang an nichtig und ihre Nichterfüllung begründete keinen Treubruch.⁶⁶) Wenn dieser Grundsatz von den völkerrechtlichen Verträgen überhaupt gilt, so findet er im eminenten Sinne auf den Garantie-Vertrag Anwendung, und wenn ein solcher zu dem Zwecke geschlossen wird, um die Durchführung eines begangenen Unrechts zu sichern, so wird die Erfüllung selbst zum Unrecht.⁶⁷)

II. In dem hannoverschen Allianzvertrage von 1715 ist versprochen worden, den König von Dänemark gegen alle und jeden (*contra quoscunque*), in dem Besitze des gottorpischen Antheils von Schleswig zu schützen; ähnlich drückte sich die englische Garantie von 1719 und 1720 aus, während die französiche diese Bezugnahme auf die möglichen Gegner nicht hat. Sie ist auch gleichgültig und hat den Inhalt und Umfang der Garantie nicht verändert. Der Schutz des Königs im Besitz des gottorpischen Antheils war der Gegenstand der Gewährleistung, — gegen den Herzog, den Kaiser von Russland oder wer ihm sonst zur Wiedererlangung des Verlorenen helfen werde. Ueber diesen Zweck hinaus konnte eine

---

⁶⁶) Beseler, Londoner Vertrag. S. 26 ff.
⁶⁷) Vattel, droit des gens. liv. II. chap. 16. §. 238. Il n'est pas moins évident que la garantie ne peut nuire au droit d'un tiers. S'il arrive donc que le traité garanti se trouve contraire au droit d'un tiers, ce traité étant injuste en ce point, le garant n'est aucunement tenu à en procurer l'accomplissement, car il ne peut jamais, comme nous venons de le dire, s'être obligé à soutenir l'injustice.

Garantie nicht für den gottorpischen Antheil allein, sondern nur in seiner Verbindung mit dem königlichen Antheil, also für das ganze Herzogthum übernommen werden, und das ist eben nicht geschehen.

III. Die übernommene Garantie war nichtig; aber wenn sie auch von Anfang an gültig und rechtsbeständig gewesen wäre; so würde sie doch später erloschen sein. Die Verträge von 1767 und 1773, welche den alten Hader zwischen den beiden Linien des oldenburgischen Hauses beendeten, haben der Garantie von 1720 ihren Gegenstand entzogen. Später haben die Nachfolger Friedrich IV. mit England und Frankreich Kriege geführt, welche ein solches Vertragsverhältniss aufgehoben haben würden, wenn es noch bestanden hätte; die Friedensschlüsse haben es nicht wieder hergestellt, ja England — welches dabei thätig war, die Integrität der dänischen Monarchie um ein Königreich zu schmälern — trug kein Bedenken, die Abtretung der Insel Helgoland zu erzwingen. Und Helgoland gehörte gerade zu dem gottorpischen Antheil an Schleswig!

Niemand dachte mehr an diese Verträge, so wenig wie man es etwa für möglich gehalten hätte, dass Dänemark zur Garantie von Bremen und Verden bei der Besetzung durch die Franzosen im Jahre 1803 aufzufordern gewesen wäre. Erst als die Zeit kam, in der Christian VIII. den Offenen Brief vorbereitete, ward auch das alte Rüstzeug der englisch-französischen Garantie hervorgeholt, um die schon damals, wenigstens in Betreff der Staatserbfolge beabsichtigte Incorporation Schleswigs zu decken.[68]) Der Versuch der dänischen Diplomatie misslang, wie er bei seiner Wiederholung in den

---

[68]) S. den Brief an den Herausgeber von Germanicus Vindex in den Times vom 12. Febr. 1846.

Jahren 1848 und 1849 nicht zum Ziele führte. Sollte jetzt ein besserer Erfolg von solchen Bemühungen zu erwarten sein, — etwa um die Fetzen des Londoner Vertrags zum Heil der Integrität der dänischen Monarchie wieder zusammen zu leimen?

Vor der ernsten Wahrheit der Geschichte und des Rechts kann ein solches Truggebilde nicht bestehen.

ANLAGEN.

(I.)

AUSZUG

AUS DEM DEFENSIV-BÜNDNISS ZWISCHEN DEM KÖNIGE VON DÄNEMARK UND DEM CHURFÜRSTEN VON HANNOVER, VOM $\frac{14.}{25.}$ JULI 1710.

Les parties contractantes se garantissent réciproquement le duché de Slesvic et les états qu'elles possèdent dans l'Empire, et en cas de nécessité l'une donnera à l'autre un secours de 3000 hommes de pied et de 1000 chevaux. Cette alliance durera cinq ans.

ARTICLE SEPARÉ.

L'Electeur ne sera pas tenu à garantir au Roi les duchés de Slesvic et de Holstein, durant le cours de la guerre que le Dannemarc a déjà entreprise contre la Suède; mais il emploiera ses bons offices pour assurer la neutralité des dits duchés, et il s'engage à ne donner aucun secours à la Suède.

(Holer. Folio. 1710. §. 16.)

(II.)

AUSZUG

AUS DEM ALLIANZ-TRACTAT ZWISCHEN DEM KÖNIGE VON DÄNEMARK UND DEM KÖNIGE VON GROSSBRITTANNIEN (ALS CHURFÜRSTEN VON HANNOVER) VOM 26. JUNI 1715.

Wir Friedrich IV. etc. urkunden und bekennen hiermit: — — Wenn also des Königs von Schweden Maj. der viae armorum nach wie vor unbeweglich insistiren — — zwischen Uns und des Königs von Grossbrittannien Maj. nachfolgendes Foedus, welches respectu bei dem gegenwärtigen von der Krohn Schweden veranlassten Kriege vorzunehmenden Operationen offensivum et defensivum, sonst aber und in anderen künftigen Fällen defensivum sein soll, hiermit geschlossen worden.

Art. 1.

— — welches Foedus auch auff dem Fall, wann Schweden den Ernst verspührend, Sich zu Friedens-Gedancken herauslassen wollte, nach geschehener Signatur dieses Tractati in seinem Valeur und Kräfften bleibet, und soll es selbigem zu Folge, wegen der in Teutschland gelegenen schwedischen Provintzien gehalten werden, wie nachstehet.

Art. 2.

Es sollen alsdann von solchen schwedischen Landen Ihro Kgl. Maj. von Gros-Brittannien zu theil, und dero Erben und Nachkommen an der Chur in perpetuum Erb- und Eigenthümblich überlassen werden, die Hertzogthümer Brehmen und Vehrden mit aller ihrer Zubehör et cum omni iure — —.

Art. 4.

Versprechen Wir für Uns, Unsere Erben und Nachkommen, und obligiren Uns hiermit, dass Wir Sr. Kgl. Maj. in Gros-Brittannien, dero Erben und Nachkommen bey dem Besitz, Eigenthumb und Genuss der Hertzogthümer Brehmen und Vehrden, sambt deren oberwehnten Zubehörungen contra quoscunque kräfftigst mainteniren und garantiren helffen und zu dem Ende jedesmahl, wenn es die Noht erfordern oder es von Sr. Maj. in Gros - Brittannien oder Dero ob beschriebenen an die Krohn Dännemark begehret werden wird, der Gros - Brittannischen Maj. oder Ihnen mit acht Tausend Mann, worunter drey Tausend Mann zu Pferde an Reutern oder Dragonern, innerhalb sechs Wochen a die requisitionis unfehlbar assistiren wollen.

Art. 10.

(Setzt die vom Könige von Grossbrittannien zu leistende Hülfe auf sechs Tausend Mann fest.)

Art. 11.

Weil Wir das Fürstl. Hauss Holstein - Gottorff der Satisfactions- und Indemnisations - Prätension deswegen, dass die Schwedische Armee unter dem Feld Marschall Graffen Steinbock, mit Veranlass und Bewilligung sothanen Fürstl. Hausses in die Herzogthümer Schlesswig und Holstein eingedrungen, auch endlich dem Graffen von Steinbock von selbigem Fürstl. Hausse, gar durch einen förmlichen mit Ihnen gemachten Tractat, die Festung Tönningen eingeräumet, dadurch aber Unseren Landen ein überaus grosser Schaden zugefüget worden, nicht erlassen wollen, sondern darauf absolute bestehen, dass Wir dafür den Fürstl. Antheil des Herzogthums Schlesswig behalten wollen; So versprechen Sr. Maj. in Gr.-Britt. hiemit und obligiren Sich für Dero Erben und Nachkommen, dass Sie Uns, Unsere Erben und Nachkommen bey dem Besitz, Genuss und Eigenthumb sothanen Fürstl. Antheils vom Herzogthum Schlesswig contra quoscunque kräfftigst mainteniren und garantiren helffen, und zu dem Ende jedesmahl, wenn es die Noht erfordern und von Unser Seiten an Se. Kgl. Maj. in Gros-Britt. oder Dero ob mitbeschriebene begehret werden wird, innerhalb Sechs Wochen an die requisitionis die in nechst vorhergehenden 10. Art. determinirte Hülffleistung unfehlbar leisten wollen und sollen, auch übrigens, nach Erforderung der Umbstände mit aller Macht und aus allen Kräfften beystehen.

Art. 12.

Was aber dem Fürstl. Hausse Holstein-Gottorff, anstatt seines bisherigen Antheils vom Herzogthum Schleswig, etwa anderweit zuzuwenden, dass soll auf den itzigen Convent zu Braunschweig verwiesen werden.

Art. 23.

Kein Theil soll ohne des andern Wissen und Mitbelieben in einige separate Handlung von Frieden oder Stillstand der Waffen mit Schweden sich einlassen, viel weniger dieselbe schliessen, und verspricht man reciproce sich hiermit bündig und unwiderrufflich, dass man keinen Frieden mit Schweden machen wolle, biss man sich beyderseits in ruhiger und sicherer Possession der einem jeden Theil, vermöge dieses Foederis, destinirten Schwedischen und resp. Schleswigschen Landen befinden wird, wiemaassen die einander, vermöge obiger 4. 5. 10. 11. und 13. Articulen, zu leistende Garantien auch nach dem Frieden mit Schweden in perpetuum continuiren und gültig bleiben sollen. Alles bey Kgl. Wort und Glauben, ohne Gefehrde.

GROSSBRITTANNISCHE DECLARATION ÜBER DEN ART. 12 DES TRACTATS DE ANNO 1715.

Nachdemmahlen der zwischen I. Kgl. Maj. zu Dännemark, Norwegen etc. und Sr. Kgl. Maj. in Grossbrittannien errichtete Tractat zu beiderseitigen Auswechselung gediehen, der darinnen enthaltene zwölffte Articul aber noch eine Erleuterung von nöhten gehabt; So ist hiemit stipuliret und festgesetzet worden, dass wenn allenfalls und wieder alles Vermuthen dem Fürstl. Hause Gottorf für sein Antheil des Hertzogthums Schlesswig einige Satisfaction, oder etwas davor solte zuerkannt werden, der König in Engelland und der König in Dänemark darinnen zu gleichen Theilen gehen wollen, und zwar dergestalt und also, dass, auf oberwähnten Fall, die Satisfaction des Hauses Gottorff betreffend, keinem Theil mehr als dem andern aufgebürdet werden solle; damit auch allen darüber entstehenden Irrungen vorgekommen werde, so versprechen und obligiren sich des Königs in Engelland Maj. hiemit, dass gleichwie dieselbe dem Könige in Dännemark das Hertzogthum Schlesswig, Fürstl. Antheils, aufs Bündigste garantiren, sie auch demjenigen, was wegen der zwar nimmer zu vermuhtenden Satisfaction des Hauses Gottorff hoc passu verabredet worden, zu allen Zeiten nachkommen wollen, auch den König in Dännemark dabey kräfftigst garantiren und manteniren.

(III.)

AUSZUG

AUS DER CONVENTION ZWISCHEN DEM KÖNIGE VON DÄNEMARK UND DEM KÖNIGE VON GROSSBRITTANNIEN VOM 30. OCTOBER 1719.

Art. 1.

Sa M. danoise accepte la médiation et l'entremise de Sa M. brit. pour la paix et le rétablissement d'une bonne intelligence entre les deux couronnes (de Dannemarc et de Suède).

Art. 2.

Sa M. danoise s'oblige et consent à une suspension d'armes et une entière cessation de toute hostilité avec la couronne de Suède, laquelle suspension d'armes aura lieu dans tous états, pays et provinces possédés par Leurs Maj. danoise et suédoise — —.

Art. 3.

La dite suspension d'armes durera six mois, à compter du jour de la publication —.

Art. 4.

L'on s'expliquera pendant le temps de cette suspension d'armes à terminer solidement toute hostilité ultérieure par une bonne paix entre les couronnes de Dannemarc et de Suède, et, pour y travailler plus efficacement, Sa M. brit., comme Roi de la Gr. Bretagne, promet et s'engage dés à présent pour Elle, Ses Héritiers et Successeurs, de maintenir Sa M. le Roi de Dannemarc, Ses Héritiers et Successeurs dans la paisible possession du Duché de Slesvic, contre tous ceux, qui voudraient L'y attaquer, ou troubler, sur le pied et de la même manière, que Sa M. britannique, comme Electeur de Bronsvic, s'est déjà obligé à cette garantie, par le traité conclu avec Sa M. danoise le 26. Juin 1715, laquelle garantie de Sa M. le Roi de la Gr. Bretagne subsistera dans sa pleine force et vigueur, non seulement pendant le temps, que doit durer la dite suspension d'armes, mais aussi pour tous les temps à venir, après que le dit armistice aura été terminé par un traité de paix entre les deux couronnes de Dannemarc et de Suède.

Art. 5.

De plus Sa M. brit. promet et s'oblige d'employer ses meilleurs offices, pour que dans le traité de paix à faire entre les dites deux couronnes, il soit pourvu expressément, que la couronne de Suède ne pourra jamais en aucune manière troubler ni molester celle de Dannemarc, au sujet du Duché de Slesvic.

(IV.)

ARTIKEL VI
DES ZWISCHEN SCHWEDEN UND DÄNEMARK ABGE-
SCHLOSSENEN FRIEDENSBURGER FRIEDENS.
STOCKHOLM, DEN 3. JUNI 1720.

Pareillement comme son Altesse Serenissime le Duc de Sleswic - Holstein, a été enveloppé dans la Guerre du Nord, et que l'étroite liaison du sang qui est entre sadite Altesse et la Couronne de Suède pourrait être considerée comme un obstacle à la decision de ce qui regarde le Duché de Sleswic, Sa Majesté Suedoise pour elle, et la Couronne de Suede, declare et promet par ces présentes de ne s'opposer directement, ni indirectement à ce qui sera stipulé en faveur du Roi de Dannemarc, concernant le dit Duché de Sleswic, par les deux Puissances Mediatrices, qui ont concouru au présent Traité, et de ne donner aucune assistance de fait au dit Duc, contre le Roi de Dannemarc pour l'inquieter au prejudice des susdites stipulations.

(V.)
DÄNISCHER ENTWURF
FÜR DIE ENGLISCHE GARANTIE-ACTE.

Nous George Roi etc.
faisons savoir. qu'ayant conclu avec S. M. le Roi de Danemark et de Norvege un Traité l'an 1715 comme Electeur de Brunswick, dans lequel Nous avons garanti à S. M. D. le Duché de Sleswick, et donné ensuite notre garantie comme Roi de la Grande Bretagne dans un acte ou Convention, faite le 30. Octbr. de l'année passée, sur le Duché de Sleswick, de la même manière que nous nous étions engagé dans le Traité de 1715, et ce dernier acte ayant pour but de retablissement de la tranquillité du Nord, par une paix solide, dans laquelle non seulement pendant l'armistice, mais encore pour tout tems à l'avenir la dite garantie doit subsister; Cette paix entre S. M. le Roi de Danemark et Norvege et le Roi et la Couronne de Suede étant enfin heureusement conclue par notre mediation et celle de S. M. T. Chr., Nous avons en vertu de la dite convention donné notre garantie, laquelle nous confirmons encore par cet acte; et c'est en cette veue, que nous nous engageons pour Nous et la couronne de la Grande Bretagne, comme aussi pour Nos Héritiers et Successeurs en vertu de ces présentes, sur notre parole royale, de la manière la plus forte et solennelle, **de vouloir garantir à S. M. le roi de Dannemark et Norvege, et ses Héritiers et Successeurs, la possession paisible et perpetuelle de la partie Ducale du Duché**

de Schleswick, que S. M. Dan. occupe à présent actuellement, et de vouloir les y maintenir contra quoscunque, qui voudraient les y troubler, soit directement ou indirectement, le tout en conformité et suivant nos engagemens exprimés dans le Traité susdit de l'année 1715 et dans la convention alleguée du 30. Octbr. 1719. En foy de quoi nous avons signé cet acte, et y fait opposer notre sceau.

(VI.)
GARANTIE-ACTE
GROSS-BRITTANIENS VOM 26. JULI 1720.

Nous George par la grace de Dieu, Roi de la Grande-Bretagne et d'Irlande, Défenseur de la foi, Duc de Brunswig et Lunebourg, Archi-Trésorier et Electeur du St. Empire Romain etc. à tous et chacun que ces présentes verront, salut. D'autant qu'entre Nous et Notre cher frère le Roi de Dannemarc par une Convention faite le 30. Octobre de l'année passée, il a été stipulé, qu'après l'Armistice et la Paix faite entre Sa dite Majesté et le Roi et la Couronne de Suede, la promesse et la Garantie, que Nous avons faites à l'égard de la possession et jouïssance paisible du Duché de Sleswick au Roi de Dannemarc, sera continuée, et comme par l'aide de Dieu la Paix effectivement s'en est suivie, Notre ministre auprès du dit Roi, à signé un Acte ou Instrument de la dite promesse de Garantie, de la manière qu'il suit ci-après de mot à mot.

Après que Sa Majesté le Roi de la Grande-Bretagne eut conclu une Convention avec le Roi de Dannemarck, signée le 30. Octobre de l'année passée, dans la vue de retablir le repos dans le Nord, dans laquelle elle avait promis la Garantie du Duché de Sleswick, tant que la suspension d'armes entre les deux Couronnes de Dannemarck et de Suede dureroit, avec la condition expresse, qu'en cas que sous la Benediction Divine la Paix entre les dites Couronnes, encore avant l'expiration de l'Armistice, put être conclue, la Garantie demeureroit ferme pour tousjours. Mais à présent que cette Negociation importante, à l'égard des grandes difficultéz, qui s'y étoient trouvées, même celle du terme stipulé pour la suspension d'armes, laquelle finissoit le 28. Avril de l'année présente, a été prorogée; sur cela donc les deux Majestés de Dannemarck et de Suede sont convenues d'un Armistice aux mêmes conditions que le premier. Et qu'avant l'expiration de cette suspension d'armes, la Paix si necessaire pour le repos de l'Europe, aussi bien que pour la sureté de la Religion Protestante, sous la Mediation de Leurs Majestéz de la Grande-Bretagne et Très-Chrétienne, ayant été portée à une fin heureuse (en vertu de cette Paix la Garantie du Duché de Sleswick, selon le contenu de la Convention et la promesse faite par Sa Majesté Britannique du 30. Octobre de l'année passée sera et restera continuée) et Sa Majesté de Dannemarck, pour rendre cette Convention plus parfaite, demande encore une plus ample élucidation: **Ainsi Sa Majesté Britannique promet et s'oblige, pour soi, ses Héritiers et Successeurs, de lui garantir et conserver dans une possession continuelle et paisible la partie ducale du Duché de Sleswick, laquelle Sa Majesté Danoise a entre les mains, et de la defendre le mieux possible contre tous et chacun, qui tâcheroit de la troubler, soit directement ou indirectement,** le tout en vertu du Traité conclu en 1715 avec Sa Majesté Britannique, comme Electeur de Brunswick et Lunebourg, aussi bien que de la dite Convention faite le 30 Octobre de l'année passée, dans un Acte separé pour la continuation. En foi de quoi je soussigné Ministre Plénipotentiaire ai signé ce présent Acte et apposé mon Cachet et promis de procurer la Ratification de tout ceci dans le temps de quatre semaines, ou plutot, s'il est possible.

Fait à Friederichsbourg le 23 Juillet 1720.

(Signé)   (L. S.)   POLWARTH.

Nous ayant vû et mûrement pesé le susdit Acte de Garantie, l'avons approuvé et agréé en tous ses Points, l'approuvons, agréons et confirmons par les présentes pour Nous, nos Héritiers et Successeurs, promettant en parole de Roi d'accomplir et d'observer inviolablement tout ce qui y est contenu. En temoin de quoi nous avons signé les présentes de nôtre main et y fait apposer nôtre grand Sceau du Royaume de la Grande-Bretagne. Donné à nôtre Château de Herrenhausen le 26 Juillet 1720, de nôtre Regne l'année sixième.

GEORGIUS REX.

(VII.)

GARANTIE-ACTE
FRANKREICHS VOM 18. AUGUST 1720.

Louis par la grace de Dieu, Roi de France et de Navarre. A tout ceux qui cette présente Lettre verront, Salut. Comme notre cher et bien aimé le Sr. de Campredon notre Résident et notre Plénipotentiaire auprès du Roi de Suede, auroit en vertu du Plein-pouvoir que Nous lui en avions donné signé à Stockholm le 3 Juin dernier l'Acte de Garantie du Duché de Schleswik, dont la teneur s'ensuit.

La tranquillité ayant été heureusement rétablie dans la basse Allemagne par les bons Offices et par la Médiation de Sa Majesté Très-Chrétienne, Elle les a continué de concert avec Sa Majesté de la Grande-Bretagne, dans le désir sincere de contribuer à rendre la Paix générale dans le Nord, et spécialement entre les Couronnes de Dannemark et de Suede; Elle a vu avec un extrême plaisir les bonnes dispositions, où ces deux Puissances se sont trouvées pour l'accomplissement d'un ouvrage si salutaire; mais ayant été informé en même temps des difficultés insurmontables qui se rencontroient pour la restitution à la Couronne de Suede, de l'Isle et Principauté de Rugen, et la Forteresse de Stralsund, et du reste de la Pomeranie jusques à la Riviere de Pehne occupées par la Couronne de Dannemark, si elle n'était assurée de la possession de Schleswik, laquelle S. M. Britannique lui a déja garantie; le Roi Très - Chrétien a bien voulu pour toutes ces considerations, et sur · les instances des Rois de la Grande - Bretagne et Dannemark, accorder à cette dernière Couronne, comme il lui donne par ces Présentes, la Garantie du Duché de Schleswik, promettant en consideration des susdites restitutions stipulées dans le Traité signé ce jourd'hui à Stockholm par Mrs. les Plénipotentiaires de Suede, de maintenir le Roi de Dannemark dans la possession paisible de la partie Ducale du dit Duché, bien entendu, que cette Garantie ne pourra avoir aucun lieu ni effet, qu'après que le susdit Traité de Stockholm aura été approuvé et signé de la part du Roi de Dannemark. A ces Causes, je soussigné Résident de Sa Majesté Très - Chrétienne, et son Plénipotentiaire à la Cour de Suede, muni de son Pleinpouvoir et de ses ordres exprès à cet effet, ai remis le présent Acte de Garantie entre les mains de Milord Carteret, Ambassadeur Extraordinaire de Sa Majesté le Roi de la Grande - Bretagne, et son Plénipotentiaire en la même Cour de Suede, pour en faire l'usage ci-dessus expliqué. En foi de quoi j'ai signé ces Présentes, et à icelles apposé le Cachet de mes Armes, promettant d'en fournir la Ratification six semaines après la signature par le Roi de Dannemarc du dit Traité de Stockholm de ce jour ¾ Juin de l'année 1720.

Fait à Stockholm les susdites jour et an.

(signé)

(L. S.) DE CAMPREDON.

Nous ayant agréable le susdit Acte de Garantie en tout ce qui y est contenu, avons de l'avis de notre très-cher et très-aimé Oncle le Duc d'Orleans Regent, icelui tánt pour nous que pour nos Héritiers et Successeurs, Royaumes, Pays, Terres, Seigneuries et Sujets, aprouvé, ratifié et confirmé, et par ces présentes signées de notre main, acceptons, aprouvons, ratifions et confirmons et de tout promettons en foi et parole de Roi de garder et observer inviolablement, sans jamais aller ni venir au contraire, directement ou indirectement, en quelque sorte et maniere que ce soit. En témoin de quoi nous avons fait mettre notre Scel à ces présentes.

Donné à Paris le 18 Août 1720 et de notre Regne le 5.

    Par le Roi,
Le Duc d'Orleans Regent présent.   (signé)
    Du Bois.   Louis.

(VIII.)

AUSZUG

AUS DEM VERTRAGE ZWISCHEN GROSSBRITTANNIEN, FRANKREICH UND DÄNEMARK VOM 16. APRIL 1727.

Comme Leurs Majestez, le Roi de la Grande-Bretagne, et le Roi Très-Chrétien, sont toujours attentifs à remplir leurs Engagements, et à veiller au repos et à la sûreté de leurs Amis et Alliez; et comme Leurs dites Majestez ont effectivement lieu de croire, que les Moscovites et leurs Adherans pourront bientôt concerter les moyens, et se disposer à venir attaquer les Etats de Sa Majesté le Roi de Dannemarc; soit pour ôter par la force à Sa Majesté Danoise le Duché de Sleswick; ou pour se préparer les moyens d'executer d'autres Projets contraires à la Tranquillité du Nord et de la Basse-Saxe, et des Païs qui interessent les Hauts Contractans dans le Cercle de Westphalie. Et d'autant que Leurs Majestez Britannique et Très-Chrét. sont interessées à se précautionner contre tout ce qui pourroit, en troublant la Paix desdits Païs, donner en même tems atteinte au Traité d'Hanovre, confirmatif specialement des Traitez de Westphalie, et à se mettre en état d'exécuter fidélement les Garanties données contre toute invasion ou hostilité de la part de la Czarine, ou de quelque autre Puissance que ce puisse être, qui viendroit pour attaquer le Duché de Sleswick; Leurs Majestez Britannique, Très-Chrétienne et Danoise, ont trouvé à propos de donner leurs Pleinpouvoirs à Mss. . . . . . Lesquels . . . . . sont convenus des Articles suivans.

Art. 1.

Sa Majesté Danoise étant pleinement persuadée, que Leurs Majestez Britannique et Très-Chrétienne, rempliront leurs Engagemens et Garanties, données par raport au Duché de Sleswick, et feront tous les efforts imaginables, pour maintenir le repos de la Basse-Saxe, Sa Majesté Danoise, pour concourir à la même fin, promet de tenir sur pied un Corps de Troupes de 24 mille etc..

Art. 9.

Sa Majesté Britannique de son coté tiendra prêt à marcher un Corps de 12 mille Hommes, pour être joints aux 24 mille Hommes de Troupes Danoises susmentionnées sur les premiers avis certains qu'on aura du mouvement des Troupes Moscovites, ou de toute autre Puissance que ce puisse être qui viendroit pour attaquer le Sleswick, et pour troubler le repos et la tranquillité de la Basse-Saxe.

(IX.)

Staatssecretair Graf Stanhope an Lord Stair, englischen Gesandten in Paris.

Gohre (Goehrde?), 20. Oct. 1719.

Mylord,

— — — Le Danemarc ne consentira jamais de gré à rendre le Schleswick. Et c'est aussy le pire qui put lui arriver, quand toutes les Puissances se ligueroient ensemble pour le lui arracher par la Force d'armes. Le Roy comme Electeur et le Roy de Prusse le lui ayant garanti par les Traittez de 1715, pouvoient ils jamais lui proposer de faire la Paix en rendant tout ce qu'ils lui ont garanti? A la vérité nous lui avons parlé d'un ton ferme pour le reduire à la Restitution de Ruguen et de Stralsund, mais ces endroits sont coupez de ses autres Etats, ils lui sont à charge, il a voulu les vendre, et pour le dédommager en quelque manière de la derogation qu'il feroit par cette restitution aux Traittez de 1715, nous lui avons parcontre offert d'ajouter la Garantie de la Grande Bretagne à celle de l'Electorat pour le reste. Mais nous n'aurions aucune de ces raisons d'alléguer pour la restitution de Schleswick, et parcontre le Roy de Danemark soutient avec fondement, que les Garanties cidevant données à la Maison de Gottorp ne sauroient avoir lieu dans le cas présent, puisque cette maison a été l'aggresseur, en prêtant son Pays ses Places et ses Troupes au feu Roy de Suède.

Néantmoins vous remarquerez, que la Garantie que nous allons donner au Roy de Danemarc pour le Duché de Schleswick est clausée par deux choses essentielles. Elle ne subsistera qu'en cas qu'il fasse la Paix. Et cette même Garantie nous autorisera à procurer au Duc de Holstein une satisfaction pour la partie du Schleswick qui lui appartenoit.

— — — Il faut essayer si la Suede pouvoit être portée à ceder quelque terrain au Roy de Danemarc du coté de la Norvegue; — — nous avons suggéré à Mylord Carteret la pensée de Votre Excellence touchant la Dalie; et véritablement il paroit que la Suede pourroit s'en défaire sans grand inconvenient. Elle le devroit en justice pour accroitre la satisfaction du Duc de Holstein (à qui nous destinons la ville de Wismar, que la Suede doit céder au Danemarc, et le Holstein entier) quand elle ne le feroit pas pour contenter le Punctilio du Roy de Danemarc, qui croiroit son honneur blessé, s'il ne recevoit que de l'argent de la Suede, quelque besoin qu'il en ait.

(signé)

STANHOPE.

A Son Excellence Mylord Stair.

(X.)

Der Regent Herzog von Orleans an Mr. de Campredon, französischen Gesandten in Stockholm.

A Paris le 5e Janvier 1720.

Monsieur,

Il paroit par vos dernières Lettres que l'ordre qui Vous a été donné de mesurer les demarches que Vous devés faire par rapport à l'offre de la Mediation du Roy pour le Traité entre la Suede et le Danemarc, et par rapport à la garantie du Duché de Sleswick à la Couronne de Danemarc, Vous a jetté dans quelque incertitude sur la Conduite que Vous devés tenir sur l'un et sur l'autre de ces deux points.

A l'égard du premier il n'a été apporté aucun changement aux ordres qui vous ont été donnés de ma part lors de votre passage en Suede; Ainsy vous pouvés offrir les Offices et la Mediation du Roy pour terminer les differends entre les Couronnes de Suede et de Danemarc, et y employer tous vos offices et vos soins conjointement avec les Ministres du Roy de la Grande Bretagne lorsque cette Negotiation sera ouverte à Stockholm; mais ce seroit exposer la dignité du Roy que de faire, comme vous vous l'estiés proposé, une declaration par écrit sur ce sujet, pour être presentée à Copenhague par le Ministre du Roy de la Grande Bretagne, sans savoir auparavant de quelle manière ces offres de Sa Majté seroient receus. C'est uniquement aussy là raison de l'ordre qui vous a été donné d'agir avec la circonspection qui convient dans la conjoncture presente, et je suis persuadé, connoissant la prudence et les droites intentions de My Ld. Carteret, qu'il aura porté le même jugement.

A l'égard de la garantie de la cession du Duché de Sleswick en faveur du Roy de Danemarc, le Roy promet de l'accorder, lorsqu'elle aura été statuée par le Traité entre la Suede et le Danemarc. Vous pouvés vous en expliquer en ce sens de vive voix, et meme par écrit toutes les fois que vous jugerés que cette declaration pourra contribuer au retablissement de la Paix entre ces deux Couronnes. Mais vous ne pouvés donner cette declaration que conditionellement et dans la Supposition de la Paix entre la Suede et le Danemarc et sur le fondement de la restitution de Stralsund et de l'Ile de Ruguen à la Suede. L'experience fait même connoitre que les declarations les plus favorables au Roy de Danemarc, augmentent ses esperances, et le rendent plus difficile sur les conditions de la Paix. Ainsy loin de les fortifier il auroit été à desirer, pour en avancer la conclusion, qu'il eust été au pouvoir du Roy de la Grande Bretagne de lui refuser ces assurances publiques; Et quoy que le Roy ne soit point dans les memes engagements que ce Prince, et qu'il soit dangereux de précipiter des demarches dont on pourroit abuser, je vous permets toutes fois de seconder My Ld. Carteret dans tout ce qu'il croira pouvoir avancer la Paix du Danemarc, pourveu que les avances que Vous ferés ne portent aucun engagement que conditionellement à un accommodement final entre la Suede et le Danemarc, par lequel ce que le Roy de Danemarc possède de la Pomeranie soit restitué à la Suede.

(signé)
LE DUC REGENT d'ORLEANS.

(XI.)

Abbé Dubois an den dänischen Gesandten Wernicke in Paris.

A Paris ce 1. Fevrier 1720.

J'ay receu, Monsieur, la lettre que vous avés pris la peine de m'écrire le 24. du mois dernier et j'ay rendu compte à Son Altesse Royale des instances, que vous faites au nom du Roi Votre Maitre, pour obtenir une assurance de la Part du Roi de la garantie du Duché de Sleswig semblable à celle, qui a été donnée par le Roi de la Grande Bretagne. S. A. R. m'a ordonné de Vous marquer, que le Roi accordera au Roi Votre Maitre sa garantie du Duché de Sleswig, conjointement avec le Roi de la Grande Bretagne, lors qu'il sera maintenu dans la paisible possession de ce Duché par les Traités, qui retabliront la tranquillité dans le Nord, et à condition, que la ville de Stralsund, ces dependances, et l'Isle de Rugen seront restituées à la Couronne de Suede. Voilà l'explication, que le Sr. Campredon a eu ordre de donner, et que S. A. R. m'a promis de Vous renouveller, et qui sera suivie de tous les soins, qui peuvent contribuer à une bonne paix, si convenable pour terminer les troubles du Nord. Je Vous prie d'être persuadé, que je suis très sincèrement, Monsieur, entièrement à Vous

Du Bois.

A Son Exc. M. Wernicke.

(XII.)

Herzog Carl Friedrich von Schleswig-Holstein an die Königin Ulrika Eleonora von Schweden.

Vienne, 17. Mars 1720.

— S. M. Czarienne déclare non seulement vouloir confirmer à présent en général Garantie, que le Prince de Menzikow a donnée avec le Traité de Stettin, de nos Duchéz et Pays Héréditaires; mais s'offre encore outre cela en particulier de Nous garantir solennellement le Duché de Schleswick. — Nous pouvons d'autant moins le refuser, qu'il est connu et que nous sommes en état de le prouver par des écrits vidimés, que nous avons en main, comment sourtout le présent Ministère Anglais emploie tous ses soins, pour faire en sorte que le Duché de Schleswick demeure absolument à la Couronne de Danemarc et qu'il ne se met aucunement en peine que Nous et Notre Maison soient ainsi sacrifiés.

(XIII.)

Der Botschafter Lord Carteret an den Staatssecretair Grafen Stanhope.

Fredericksbourg, July 4th. 1720.

Mylord,

— — The King of Denmark told me that the King my Master, as Elector, had oblig'd himself to pay half the Satisfaction, which the Duke of Holstein is to have for Schlesvick, in case, contrary to all expectation, that the Duke is to have any. He told me, that tho̊ he was persuaded, that I was well enough inform'd of this engagement, yet he wou'd not insist upon any explanations upon it from me, because He did not doubt but I shou'd immediately answer that I was not empower'd by my Master, in quality of Elector. He wou'd therefore only ask me whether I was authoris'd to enter into a Stipulation with him, by which my Master shou'd oblige himself, to pay the other half of this Satisfaction, as King of Great Britain. If I was not, the Peace, that I proposed to him, was no peace; for he might be disquieted concerning Schleswick, and in that affair, as a private matter, be left alone, which cou'd not happen to him, whilst the general peace of the North remained uncertain, and which never cou'd be happily effected, with regard to the Czar, till the peace of Denmark was made. That He consider'd his honour above every thing. That he had rather die as a great King and continue the war to all extremities and hazards, than make a dishonourable peace, which He shou'd do, if the peacable possession of Schleswick was not secured to him . . . I assured His Maj. that I had no authority to enter into any such engagement, which appeared to me to be entirely unnecessary because I apprehended, that de Duke of Holstein wou'd make no cession, whithout which no Satisfaction cou'd be demanded. That his own reputation and force, sustained by the guaranties of England and France, was too strong a title to be disputed. H. M. said, that He did not care to have a title merely by force. That he thought a cession necessary. I answer'd that his title was by conquest, which was a very just title. That if a cession was essentially necessary to make a conquest just, there cou'd hardly be such a thing in the world as a just conquest. For if that was to be received as a maxim, conquests, that were made upon persons who were obstinate, and who would venture the most that cou'd happen, cou'd never become just, because such persons wou'd most probably refuse making cessions. That this ever was and ever will be the Law of Great Princes, whatever the Lawyers and Pedants may say to it.

CARTERET.

(XIV.)

Der Staatssecretair Graf Stanhope an die Lords Carteret und Polwarth.

Hannover, July 8th. 1720.

My Lords,
— — I have laid before the King the separate Article or Declaration which the Danish Ministres have givn to You Lord Polwarth; H. M. has kept that paper and will discourse himself of it to his German Ministers, who with me, as I formerly told Your Lordships, profess themselves to be ignorant of it; what ever there may be in that matter, the mentioning it at this time, and raising from thence objections against concluding with Sweden, is surely very unreasonable and very imprudent. The true point of view of Denmark is to fence and secure the possession of Schleswick against the Duke of Holstein, who will not easily be persuaded to make a cession of that Dutchy. In default of such a cession, which would undoubtedly give to Denmark the best Title, human prudence cannot substitute a better security than the guarantys of England and France and of such other Powers, as it will become

our Interest to engage in a Coguaranty with us when once we are bound ourselves.

The Crown of Great Britain is at present under no kind of Tye whatsoever to Denmark save the convention sign'd by You Lord Polwarth, the condition of which will expire with the Armistice, and will, I promise You, not easily renewed. But if once the Crown of Denmark shall have rendered our Guaranty perpetual by signing the Peace with Sweden, it will then become our Interest to concert with Denmark and elsewhere all proper Expedients to extinguish the pretentions of the Duke of Holstein.

I am etc.
(signed) STANHOPE.

To Lords Carteret and Polwarth.

(XV.)

Lord Carteret an den Staatssecretair Grafen Stanhope.

Copenhagen, July the 9th. 1720.

Mylord!

— — The King of Denmark is in perfect good homour, and in a good disposition to pursue our Masters measures in the North, and therefore I have hinted to His Swedish Majesty, how necessary it is for his own interest to improve this conjuncture, which would be lost, if little disputes were to arise. The only point remaining now is to get from France the Ratification of the Act of Guaranty of Schleswick. The jealousy of this Court is so great, that, till that comes, the King of Denmark will retard his Ratification of the Treaty. I did not acquaint the Swedes with this, because I did not doubt, but that Your Lordship would be able to get the above mention'd Ratification from France before the four weeks expire, which is the term fixed for the exchange of the Ratification of the Treaty. Your Lordship will have seen by the copy of my letter to Mr. Finch, which Mr. Elliot carried with him to Hannover among the other papers, that I have writ to M. Campredon, desiring him to change a little his Act of guaranty, and to put certain words into it, which the King of Denmark desired. As those words, I believe, doe not exceed the intentions of the Court of France, I suppose M. Campredon will comply with H. D. M.'s desire. But if he shou'd not, Your Lordship will be able to set that right at the Court of France, by getting the following words, viz. „Que S. M. T. s'engage de garantir au Roi de Danemarc le Duché de Schleswick, et de le maintenir dans la possession paisible de la partie Ducale du dit Duché de Schleswick," inserted there in an other Act, or in the Ratifications of that which M. Campredon has already signed... I promised the King of Denmark, that if M. Campredon did make difficulties, the King our Master wou'd use his utmost endeavours to succeed in this point at the Court of France. H. D. M. told me in talking over the case of the Duke of Holstein, that He was ready to restore to that Duke the part of Holstein, which belongs to His Highness. He told me, that the Czars Ambassador has made great protestations, that he had answer'd him with advising his Master to make peace, and not carry matters to extremities. — — —

I am Mylord with the greatest and truest respect Your Lordships most humble and most obedient servant

CARTERET.

To The Right Honourable the Earl Stanhope.

(XVI.)

Lord Carteret an den Staatssecretair Grafen Stanhope.

Copenhagen, July the 16th. 1720.

— — H. M. spoke to me again upon this head (the guaranty for the Ducal part of Schleswick) the day before yesterday, and his desire is that a new Act thou'd be given, by which the Crown of Great Britain shou'd be under an obligation to guaranty the Ducal part of Schleswick to him directly, in which Act the conditions shou'd be expressed and not left in reference to the Treaty of 1715, concluded with the King, as Elector, which is the manner in which the convention signed in October last was turn'd. I told H. M. that I wou'd represent this matter to the King my Master.

If Your Lordships thinks this matter proper to be done, against which I own I see no objection, the King of Denmark will be extremely pleased. This one step on our side may contribute to carry H. D. M. two, in which the King our Master will find his account.

I am etc.

CARTERET.

To the Rt. Hon. the Earl Stanhope.

(XVII.)

Lord Polwarth, englischer Gesandter in Copenhagen, an den Staatssecretair Grafen Stanhope.

Copenhagen, July 24th. 1720.

Mylord,

The King of Denmark having spoken several times to Mylord Carteret, to have our Master Guaranty of the Dutchy of Sleswick renewed, or the Act continuing the 'Armistice and Convention of the 30th. of October 1719 ratified, the Danish Ministers at last presented to Mylord Carteret the day before yesterday at Fredericksbourg a paper for that effect, of which Your Lordship has a copy marked (I.) When Mylord Carteret showed it me, I told His Excellency that it would not be done in that form and that, as to the matter, what the King of Denmark and his Ministers desired, might be granted in better words and we concerted the paper marked (II.), with which the King of Denmark and his

Ministers being satisfied, I signed it yesterday, and delivered it to the Danish ministers.

I need not remark to Your Lordship, how ill timed any scruples upon this point would have been and how much better it was, to act frankly and roundly, to satisfy their doubts in a matter, where the King came under no new obligation.

The Ratifications of the Treaty concluded betwist this Crown and Sweden are not to be exchanged, till the Ratification of the Guaranty of France for the Dutchy of Schleswick comes. I doubt not but this Court will likewise desire to have the Ratification of this Explanation, before the Exchange is made; it will therefore be requisite, that it be had as soon as possible. — — — — —

I am etc.

POLWARTH.

To The Rt. Hble. Earl Stanhope.

(XVIII.)

Lord Carteret an den Staatssecretair Grafen Stanhope.

Copenhagen, Aug. 17th. 1720.

Mylord,

The King and the Prince Royal did Lord Polwarth the honour to dine yesterday with His Lordship at Sorgenfrye his country-house. H. M. took me aside before dinner, and told me that General Bothmer had the day before yesterday acquainted Him, that the King our Master thought it for H. D. Ms. interest, that he should restore the Duke of Holsteins part of Holstein immediately to the Duke. That he was very much obliged to our Master for the concern He shews to his interests and will consider that matter. He desired me to say what I thought upon that head. I told H. M. that having often had a occasion to talk in Sweden concerning the Duke of Holsteins interests, I had some small knowledge of them, and I could assure H. M. that it was the opinion of all the Holsteinparty in Sweden, that the Duke should risk every thing to mingle as much as he cou'd, the dispute of Schleswick with that of Holstein; and that therefore I thought it to be for H. Ms. interest, to seperate those two questions, as much as possible, which would be done if the Duke accepted of the restitution of Holstein, The King asked me, whether I thought the Duke would be content with the restitution of Holstein. I said I did not think H. Highness wou'd follow the ill advice that was given him and refuse the acceptance of such restitution; But yet I did not think that the Duke cou'd ever be brought to make a cession of his part of Schleswick, upon account of the retention of Holstein. I added that if the Duke wou'd not accept the restitution of Holstein, which was a case hardly to be supposed, that then everybody wou'd think the King of Denmark in the right, and the Duke in the wrong. I had not time to say any more to H. M.; but I believe that He will make the restitution, without coming to extremities.

I am etc.

CARTERET.

To The Rt. Hble the Earl Stanhope.

(XIX.)

Rob. Sutton, englischer Gesandter in Paris, an den Staatssecretair Grafen Stanhope.

Paris, le 27e Août 1720.

Mylord,

— — M. l'Archeveque de Cambray me faisoit sentir, combien il coutoit au Regent, de donner sa garantie du Duché de Sleswick; qu'il étoit obligé de rompre des engagements antérieurs, et qu'il seroit déshonoré aux yeux de la nation françaiṣe, mais qu'il faisoit ce sacrifice seulement par considération pour S. M. Britannique.

Ensuite il se plaignit avec assez d'aigreur et de chagrin, que la Suède s'est menagée dans le traité de paix, qu'elle a fait avec le Danemarc, et qu'elle a fait tomber sur la France tout le reproche d'une cession odieuse. Je repondis, que la part, que M. le duc regent a eu à procurer la paix entre Suède et le Danemarc lui devoit plutôt être glorieuse. Que cette paix étoit très avantageuse à la Suède, qui par cela rentroit en possession de l'île de Rugen, de Stralsund avec la Pomeranie, jusqu'à la rivière de Pehne, et de Wismar. Que l'unique moyen de procurer cet avantage à la Suède, qui lui conserve toujours un Etablissement dans l'Empire, c'étoit de garantir au Roy de Danemarc le Sleswick Ducal, qu'il a occupé par les armes sous des circonstances, que tout le monde sait. Que la Suède avait fait tout ce qu'on pouvait attendre d'elle en consentant à ce qui seroit stipulé en faveur de Danemarc, par rapport au Duché de Sleswick, et que c'étoit à peu près la même chose, que de garantir ce Duché au Roi de Danemarc, ou d'en approuver la garantie à faire par d'autres princes, et de promettre de ne s'y opposer ni directement, ni indirectement.

Les discours de M. l'Archeveque font assez comprendre qu'il y a ici des Ministres, qui ont taché d'embarasser le Duc Regent dans sa conduite par rapports aux affaires du Nord, et que ce n'est qu'avec peine et avec regret, qu'il s'est porté à favoriser le Danemarc au préjudice de Duc de Holstein. Selon toutes les apparences les interets de ce prince entrèrent dans les négociations que le Maréchal Sparre, ennemi capital de Dubois qui s'est fauxfilé avec les ministres de la vieille Cour, avoit entamées à cette Cour avec M. Schleinitz.... Le projet, que l'on proposa naguère de la part de cette Cour au Czar, tendoit à approprier le commerce de Moscovie aux Français et aux Russiens à l'exclusion de toutes les autres nations. Il ne faut pas douter que M. Law ne soit entré dans l'intrigue; mais c'étoit M. le Duc Regent qui pressoit cette affaire et qui promit des grandes recompenses pour M. le Baron Schaffiroff et pour M. Schleinitz, s'ils pouvoient y porter S. M. Czarienne. M. le Maréchal Sparre étoit de la partie, mais je ne sais pas précisément sur quels avantages il insista pour la Suède;

apparemment les interêts du Duc de Holstein n'étoient pas oubliés. Le Duc Regent recommanda fort tant au Maréchal Sparre, qu'à M. Schleinitz de cacher soigneusement tout à M. l'archeveque de Cambrai.

Je suis etc.

Rob. Sutton.

A. S. E. Mylord Stanhope.

(XX.)

Die Lords Carteret und Polwarth an den Staatssecretair Grafen Stanhope.

Copenhagen, Oct. 8t. 1720.

Mylord,

— — — This delay proceeding from the conduct of the Court of France may be attended with wery bad consequences to Sweden, may give us great trouble, and may not answer any end, that France can propose, unless she has changed her maxims with relation to Sweden and would doe that Crown harm instead of good, either by striving indirectly to defeat this Treaty, or else by managing so, as to bring it to a conclusion with an ill grace. It is certain that the King of Denmark was not naturally disposed to make peace with Sweden upon the terms of this Treaty; and if he could have seen any probability of his keeping Schleswick without it, He would never have accepted this Treaty. To bring him into this Treaty, we shewed him, that all the great powers of Europe were inclined to have him accept it, as entirely consistent both with his honour and interest. That the Kings of Great Britain and France shewed their inclinations in a favourable manner by offering him security for what He had set his heart most upon. That the Emperour by threatening H. D. M. with an Execution an the Side of the Empire, shewed his inclination, either to have this peace made, or else to disable Denmark from making war. That the King of Prussia exhorted in the same manner. That the Czar sustained openly the Duke of Holstein, having guarantied to Him Schleswick. These facts had great weight whith the King of Denmark; and He believed that all the great Powers in Europe were either for his making peace, or else at least they acted in such a manner, as made a peace with Sweden necessary to him. This reflexion satisfied both his reason and his humour. There was no resisting those who were well intentioned to him, and those who were ill intentioned too, and both seemed to cooperate to this point. But now if he should perceive that France desires to retard the conclusion of this Treaty, He will be apt to reason that France, who has hitherto insisted in the strongest upon the restitution of Pomerania and Rugen, now grows more indifferent to that point. He thinks that France has been the chief cause of his having been obliged to stipulate that restitution; and therefore if she relaxes upon that point, He will think that He may make a better bargain for Himself by retarding the conclusion of his Treaty, and consequently give us new trouble. Whether those consequences are just or not, yet there is nothing se visionaire, but what people here are capable of falling into, upon the slightest grounds. They may still imagine to sell Pomerania to the King of Prussia, if France should desist from pressing the conclusion of this Treaty, and France cannot press it with any good grace, unless that Court answers its own solemn engagement to this, by sending the Ratification of the guaranty of Schleswick. This retardment from the Court of France appears the more extraordinary, because its guarantys, both that signed by M. de Campredon and that extension, which the King of Denmark desired, and which France promised to grant at our instances, are nothing but engagements in general; and this Court has penetration enough to insist upon those pieces, rather with a view to draw the Court of France out of her former engagements to the House of Gottorp, than with any hopes or exspectation of receiving any real support or succours from France, upon the foot of the guaranty, in case Denmark should be so unfortunate, as to be attacked upon account of Schleswick. From whence they reason, that France seems to have a mind to adhere to her former engagements to the House of Gottorp; and in that case, they pretend they will not make a restitution of Pomerania to Sweden. This does not appear to us to be a sound way of reasoning, nor such as ought to be admitted; because jealousies, that the Court of Denmark may entertain of the Court of France can noways be a sufficient reason to exempt Denmark from performing her solemn agreement with the Court of Sweden, and this benefit, which the Court of Denmark insists to have from France, is no part of the conditions stipulated in the Treaty with Sweden, or in the Act of explication, nor has this matter been ever communicated to Sweden otherwise, than indirectly and as a point that she was not to oppose. — — — — — — — — — —

We are etc.

CARTERET. POLWARTH.

The Rt. Honble. the Earl Stanhope.

(XXI.)

Die Lords Carteret und Polwarth an den Staatssecretair Grafen Stanhope.

Private.   Copenhagen Oct. 8th. 1720.

My Lord!

To answer the latter part of Yr. Lps. letter, we beg leave to say, that, before the King of Denmark began his journey, We endeavoured to get his ratifications deposited in our hands, and offered to engage not to deliver them to Sweden, till such time as the Act from France arrived. M. Wibe and M. Sehestedt were not at all against this proposition; but Privy Counsellor Holsten saw difficulties in it, and the King would not consent to it. The King of Denmark does look upon our guaranty of Schleswick, as an special guaranty. Care was taken to keep it a general one in words; but yet it refers precisely to the Kings Treaty, as Elector, made in 1715. Your Lordship will see this by reading the Convention sign'd by Lord Polwarth in Oct. last. We endeavoured in the last Act which Polwarth signed, to leave not that reference to the said Treaty of 1715, but could not prevail in that particular. The Danish Ministers pretend, that the King our Master is obliged by that Convention, of which this last Act is only a repetition and no extension, to furnish to the King of Denmark the same succours from the Crown of Great Britain, as He is obliged to furnish by this Treaty of 1715 from the Electorate, which Treaty we are inform'd stipulated 8000 men. Yr. Lp. is the best judge, how for this reasoning of theirs is true: but we believe, that saying our guaranty is only a general one will rather obstruct the business, than forward it. We are of opinion to let that matter rest. No new engagement has been entered into since that of the Convention. 'Tis not the interpretation, that the Danish Ministers put upon it, that can alter the sense of it. The more they flatter themselves upon it the better. We can put our interpretation upon it, if it ever should come to execution, or if we should want to threaten this Court. They don't pretend, that the Crown of Great-Britain is any ways engaged to them, till they execute their Treaty with Sweden. But they insist upon the Treaty of 1715 independent of that. We tell them, that the Crown of Great-Britain is so far from being engaged with them upon any other condition, than their peace with Sweden, that till they render our late guaranty effectual by executing their Treaty, the Crown of Great-Britain is under a contrary engagement by the Treaty of Travendahl, as France is by the Treaty of Fontainebleau. The King of Prussia has guarantied Schleswick to them already; but there is a satisfaction reserved to the Duke, which being not specified, H. Pruss. Maj. can dispute with them, as much as he pleases; and so may we upon the same account. But then they alledge, that the King our Master, as Elector, is obliged by the Treaty of 1715, to pay half the Satisfaction. Therefore to keep all those disputes quiet, we have rather chosen to say what we believe is the truth, that the Duke of Holstein will never make a cession of Schleswick, and, till that happens, there is no room to speak of a satisfaction.

We are etc.

CARTERET. POLWARTH.

The Rt. Hble. the Earl Stanhope.

(XXII.)

Die Lords Polwarth und Glenorchy an den Staatssecretair Grafen Stanhope.

Copenhagen, Dec. 21st. 1720.

Mylord,

— — The King of Denmarks Minister, Mr. Secretary Sehestedt, acquainted us some days ago by the King of Denmarks order, that M. M. Bassevitz and Hespen, the Duke of Holsteins Ministers, had declared to the Danish Minister at Vienna, that the Duke their Master was ready to take possession of the Dutchy of Holstein, which the King of Denmark had offer'd to restore, and that the King of Denmark had already given orders, that that Dutchy should be restored to the Duke so soon as His commissarys came to take possession of it.

We are etc.

POLWARTH. GLENORCHY.

The Rt. Honble. the Earl Stanhope.

VERLAG DER WEIDMANNSCHEN BUCHHANDLUNG (KARL REIMER) IN BERLIN.

Druck von W. Pormetter in Berlin.